会社を変えるリーダーになる

エグゼクティブ・コーチング入門

GUIDE TO EXECUTIVE COACHING

株式会社コーチ・エィ取締役社長
鈴木 義幸
Suzuki Yoshiyuki

日本実業出版社

まえがき

　本書は、父の急病を機に、突如一銀行マンから経営者になってしまった「荒巻丈一」が、自身のリーダーシップを高めるためのエグゼクティブ・コーチングを受けながら、幾多の困難を乗り越え、リーダーとして成長する様子を克明に描いています。

　本書で紹介しているストーリーは、一つ残らず実話を元にしたものです。「荒巻丈一」という名前や、彼の会社の人々の名前は架空のものに変えていますが、それ以外は、経営に関する数字、起こった出来事、コーチングのセッションでのやりとり等、すべて現実の事柄に基づいています。

　本書の構成としてはまず、エグゼクティブ・コーチングというものに馴染みのない方のために、それが一体どのような指導法で、どのように進められていくものか、「荒巻丈一」のストーリーに入る前に、簡潔に記しています。本文を読み進めるための「フレームワーク」を最初に頭に描いていただければ、より内容をリアリティを持って理解していただけるのではないかと思っています。

本文に入ってからは、各項目ごとに「荒巻丈一」自身のことや、その周囲で起こるさまざまな出来事をとりあげ、それに対してコーチである著者の視点で解説を加えていくという構成になっています。そこで、「荒巻丈一」と私をつなぐコーチングセッションについて、簡単に説明しています。

よく言われるように、時代によって求められるリーダーのあり方は確かに変わります。しかし、一方で、いつの時代でもリーダーたる者が変わらずに持たなければならない「要素」はあります。それは、変えるべきことを変えることのできる柔軟性と、変えるべきでないことを絶対に変えない一徹さです。その両方を兼ね備えてこそ、はじめて人を動かすことができます。

これは、エグゼクティブのみに限られるものではありません。本書は「荒巻丈一」というエグゼクティブの事例を描いたものではありますが、そこで要求されるリーダーシップのあり方は、部課長、あるいはプロジェクトリーダーなど、人の上に立つ者すべてが共通に備えなければならない要素です。

リーダーという重責を担いながらも、部下の意識の変化の前にリーダーとして適切な「あり方」を見出せず、迷いを抱いている方々にとって、本書が少しでもその出口を見出すための一助となれば、著者として、コーチとしてこんなに嬉しいことはありません。

そして、ゴルフの上達のためにコーチをつけるのと同じように、リーダーシップの「上達」にもコーチが役に立つということをぜひ知っていただきたいと思っています。

なお、本文中のコーチングセッションでの対話については、コーチとクライアントが双方で毎回残しているログを基に書き起こしました。可能な限り実際のセッションでの会話に近づけるようにしましたが、若干事実と異なる部分もあるかと思います。ご容赦ください。

二〇〇九年一〇月

株式会社コーチ・エィ　取締役社長　鈴木義幸

なお本書は、二〇〇三年に小社より発刊された『コーチングのプロが教える　心を動かすリーダーシップ』を改題し、加筆・修正したものです。

エグゼクティブ・コーチング入門＊もくじ

まえがき

プロローグ▼エグゼクティブ・コーチングのフレームワーク

1章▼リーダーへの第一歩

2章▼人を動かす、人を巻き込む

3章▼伝播するコミュニケーション

4章▼抵抗勢力との闘い

カバーデザイン◎井上新八
イラスト◎多仁　純
DTP◎ダーツ

プロローグ

エグゼクティブ・コーチングのフレームワーク

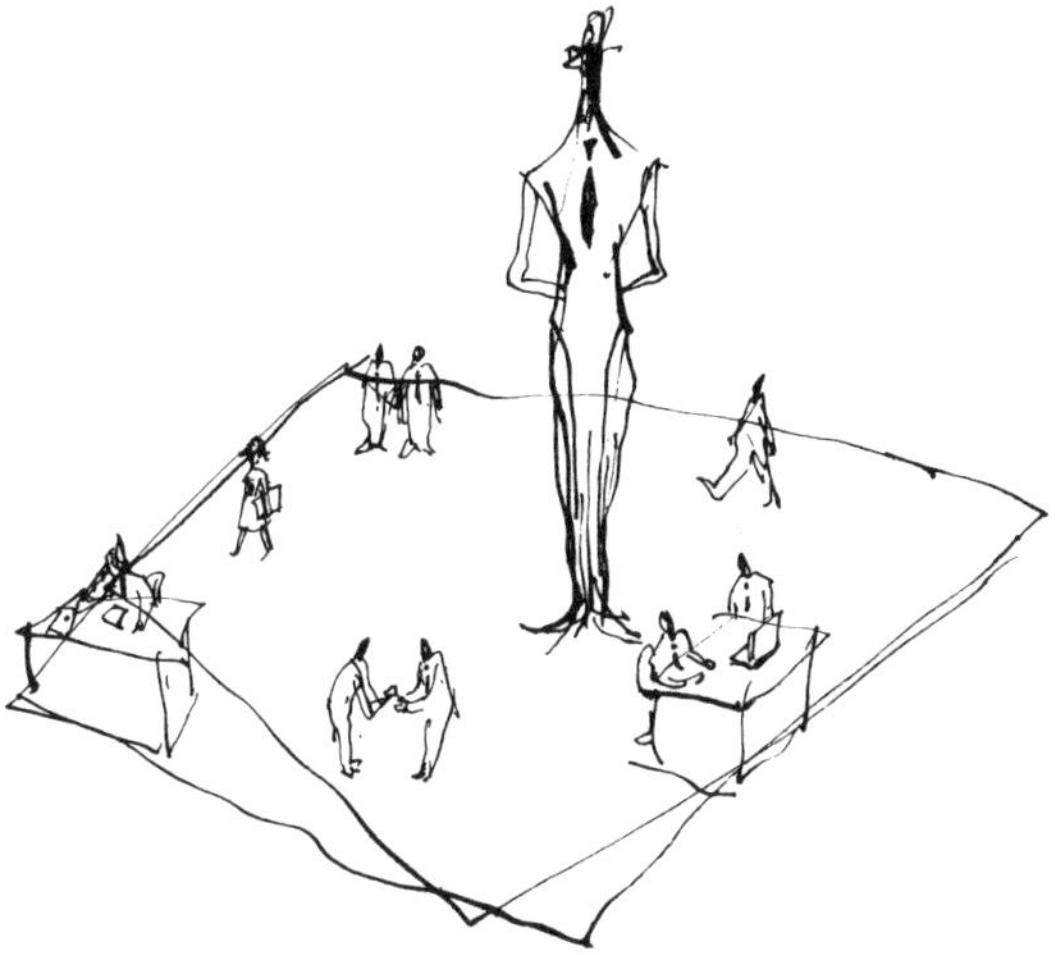

【エグゼクティブ・コーチングとは？】

ゴルフの上達のためにコーチをつける人は多くいます。

自分一人で「打ちっぱなし」に行き、悪戦苦闘しながら打ち方を身につけるよりも、コーチをつけたほうがはるかに早く上達すると思うからでしょう。

英会話も、油絵も、陶芸も、習い事は多くの場合、独学よりも、先生や師匠と言われる人についたほうが学習は早く進みます。

では、リーダーシップに関してはどうでしょうか。

リーダーシップは通常、「習い事」とは捉えられていませんから、その習得のためにコーチをつけるという人はまだまだ日本では少数です。

・リーダーシップは経験を通して培われるものである

・企業の中で上位者であるリーダーからのＯＪＴを通して身についていくものである

・役を任じられれば自然と身についていくものである

…そんな考え方が多数を占めているように思います。

もちろん、そういった側面は確かにありますし、否定されるべきものではありません。しかし、もっと効果的に、リーダーシップを習い事として学習してもよいのではないかとも思います。

ゴルフを習う時には、通常、始まりと終わりがあります。

いつから始めて、どんな目標を目指して、いつまでに終わる、というコーチとの契約期間が存在します。

そして、最初に体の柔軟性や筋肉量を見てもらい、スイングをビデオに撮ってチェックし、いつまでにどのくらいのスコアを目指し、そのためには、どのようなショットを身につけるか、といった計画も立てられます。

一方、職場のＯＪＴでは、リーダーシップ向上のために、そこまでの計画を立てることは

◎まずは能力のたな卸しが必要

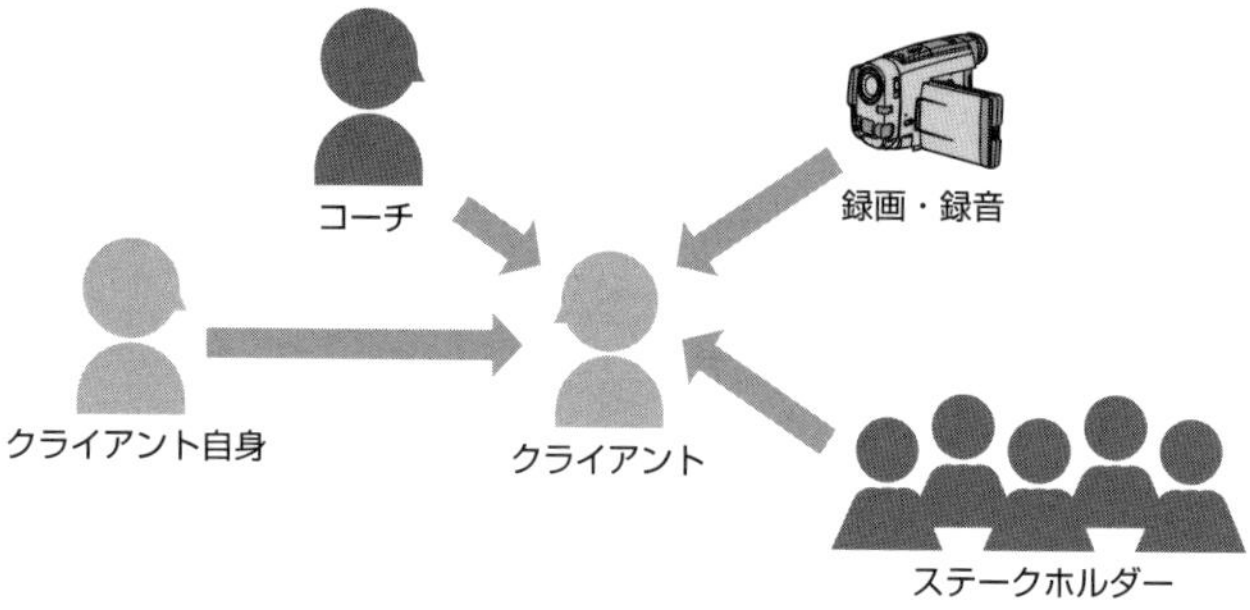

難しいものです。本来は、リーダーとして何が足りていて何が足りていないのかを正確にたな卸しをして、いつまでにリーダーとしてどのような能力を身につける必要があるから、これこれの段階を追ってこのように成長していくべきだ、というプランを立てられるといいのですが…。

これが役員や社長となると、さらにリーダーシップは意図的に時間を区切って習得すべき習い事ではなくなります。そもそも、リーダーシップがあるという前提の人たちですから、経験でさらに磨かれることはあっても、意図して学習されるべきものとしては認知されにくい。本来は、会社はトップの器以上には大きくなりようがないわけですから、トップがどれだけリーダーシップを伸ばせるかはとても重要な経営課題だと思います。ですが、リーダーシップの向上を切り出して、その伸張を図るということは意外になされていません。

リーダーシップを短期間で、確実に身につけようと思えば、ゴルフを上達させるように、まず能力のたな卸しがあって、次にそれを獲得するためのプランニングがあって、それに即して、ゴールを目指したほうがはるかに効果的です。

しかし、自分一人でリーダーシップの向上を図っていてもなかなかうまくいかず、その因果関係をつかみかねることが多くあります。

たとえば、次のような事態が起こったときなどです。

・社員を集めて未来のビジョンを伝えたのに、その後しばらくして、「会社がどういう方向に向かっているかわからないよね」と社員が話しているという噂を聞く
・目をかけて大事に育てた右腕が、ある日突然辞めたいと言い出す
・戦略を立て、あらゆる施策を講じているにも関わらずいっこうに業績が向上しない

もちろんこうした事態が起こったときに、社内で進言を仰ぎ、自己修正できる領域もあります。ただ、ある程度のポジションになってしまうと、周囲もストレートかつタイムリーに思っていることを言わなくなりますし、たとえそうした情報が得られたとしても、実際にどの方向にどう変えるべきかを自分で見出すのはそれなりに時間がかかります。

事業でスピードが求められるということは、リーダーが成長する、自己変革するスピードが求められるということでもあります。

そうであるならば、成長スピードを速めるために、ゴルフのコーチをつけるぐらい気楽な気持ちで、リーダーシップのコーチをつけてもいいのではないでしょうか。

【日本におけるエグゼクティブ・コーチングの状況は?】

もともとエグゼクティブ・コーチングという手法は、アメリカでスタートしたものです。私が初めてエグゼクティブ・コーチングという言葉を聞いたのは一九九六年。九七年にはエグゼクティブコーチを日本に招いてトレーニングを受けましたが、その時には、すでにアメリカでは、リーダーシップ開発の手段として大きな注目を集めていました。

九八年からは毎年、私もしくは弊社のスタッフがアメリカで開催されている国際コーチ連盟の大会に出席しています。そこで聞く様々なプレゼンテーション、あるいは大会で出会ったコーチたちの言葉を通して、エグゼクティブコーチの急激な需要の高まりを肌で感じることができました。

昨年のリサーチでは、C-Suite、いわゆるＣＥＯ、ＣＯＯ、ＣＦＯ、ＣＨＯなど、Ｃがつく役職、つまりシニアエグゼクティブの三〇％がエグゼクティブコーチをつけているという結果が出ています。

今年の七月に、ニューヨークのエグゼクティブコーチの会社のＣＥＯを弊社に迎えました。この会社はアメリカのみならず、世界二〇か国にパートナー企業を持ち、エグゼクティブ・コーチングのサービスを提供しています。例えば、グローバルに展開しているアメリカ企業が、シンガポールのＣＦＯにコーチをつけたいと言うと、この企業は契約をしているシンガポールのエグゼクティブ・コーチングの会社に打診をし、コーチングを実践してもらうというシステムです。日本ではまだパートナー企業を持っていないということで、ぜひ一緒に仕事をしたいという話でした。

この企業のＣＥＯ曰く、

「実はリーマンショック以来、コーチを求めるエグゼクティブはこれまで以上に増えています。今年、多くのアメリカ企業は、ミドルマネジャーへの教育予算は削減する傾向にありますが、シニアエグゼクティブに対する投資は逆に増やしているようです。それは、おそらくこの経済危機によって企業が取らざるを得なかった急激な組織の再編などにリーダーが対応しなければいけないからだと思います。言ってみれば、組織体制の変化というハードの変化に、人のマネジメントというソフトがついていっていない。リーダー自身がバージョンアップしないと、業績向上につながる組織の掌握は難しいでしょう」

ということでした。

日本では、弊社でもエグゼクティブをコーチさせていただく件数は年々増えてきています。

とはいえ、アメリカと比べるとまだまだリーダーシップの向上のためにコーチをつけるエグゼクティブは少ないように思います。ただ、日本でも、リーダーシップの向上に向けてコーチをつけるエグゼクティブは今後急速に増えていくのではないかと予想されます。

それは、変化が激しく、先の見えにくい時代にあって、リーダーに課せられる責任は日本企業においてかつてないほど高まっているからです。

そもそも日本企業はあまりリーダーに権限を持たせず、下で支える人たちがすでにつくられた仕組みの中で一生懸命働くことでうまくいってきたようなところがありました。

しかし、今は、その仕組み自体が通用しなくなってきていますから、どうしてもスクラップ&ビルドをきちんとして、組織のクリエイティビティを高め、人心に火をつけるリーダーが必要となってきています。

そうした難しいタスクを乗り越えていかなければならないエグゼクティブが、リーダーシップの向上を目指してコーチをつけることは、増えることはあっても減ることはないだろうと考えています。

【エグゼクティブ・コーチングとはどういうものか?】

では、リーダーシップを高めるためのコーチング、エグゼクティブ・コーチングとはどのような指導法なのかをお伝えしたいと思います。

私たちが、エグゼクティブ・コーチングをはじめて日本に紹介した一九九七年当時は、「エグゼクティブ・コーチングとは〜」と言えばよかったのですが、この一二年の間に、多くのエグゼクティブコーチが誕生しています。多くは弊社のグループ会社、コーチ・トゥエンティワンで資格を取った方々ですが、それぞれに自分でアレンジしたコーチングを展開しています。

ですから、ここでは、「コーチ・エィのエグゼクティブ・コーチング」とはどういうものなのかをご紹介したいと思います。

私たちコーチ・エィが提供するエグゼクティブ・コーチングは、何よりもクライアントであるエグゼクティブご本人のリーダーとしての能力を高めることを最優先して行います。「リーダーシップのコーチングなのだから当たり前だろう」と思われるかもしれませんが、必ずしもすべてのエグゼクティブコーチがそこに焦点を当てるわけではありません。

以下、この点についてご説明しましょう。

例えば、あるエグゼクティブ・コーチングのクライアントの部下が、様々な問題を引き起こす「困った人」だったとします。

コーチングの一つの進め方は、その部下にどのようになってほしいとクライアントが望んでいるかを明らかにし、そのためには部下にどのように対応すればよいかを一緒に見つけ出し、その行動を実際に部下に対して取ってもらい、部下の問題行動を減らしていく、というものです。

しかし、私たちがエグゼクティブのリーダーシップを高めるためにコーチするときには、こうしたやり方は採用しません。

なぜなら、これでは一過性の課題解決に過ぎず、右記の方法でその問題が解決し、それがクライアントにとっての経験になったとしても、リーダーシップの根本的な向上には必ずしもつながらないと考えるからです。

私たちは、問題行動を取る部下という刺激を利用して（入り口として）、クライアントの根本的なリーダーシップを高めるためのやりとりをしていきます。

例えば、クライアントに次のような一連の質問を投げ掛けるのです。
・そうした部下を前にすると、どのようなことを考える傾向にあるか

・そうした部下に対しては、どのようなレッテルを貼りがちか
・そうした部下から、どのような感情を引き出されるか
・そうした部下は、自分にとってどのような存在だと捉える傾向があるか
・そうした部下の存在は、自分の未来にとってどのような貢献をしてくれると思うか
・そうした部下を部下として持っていることで、何が起こることを恐れているか
・自分の中に起こる不安を、どのように処理することができるか
・人に対する問題を解決する時に、どんなパターンを取る傾向があるか

つまり、その刺激に対して、自分が一体どう反応してしまうかを棚卸しし、一方で、そうした刺激をどのように乗り越えていけるかをつくり上げていくわけです。つまり、次に同じような問題が起こっても、エベレストのようにそびえたって見えるのではなく、筑波山ぐらいに小さく見えるような強さをその人が持てるようにする。今その問題をどう解決するかではなく、今後そうした問題に一貫して対応していけるような能力をその人が持てるようにコーチするわけです。

◎根本的なリーダーシップを高める

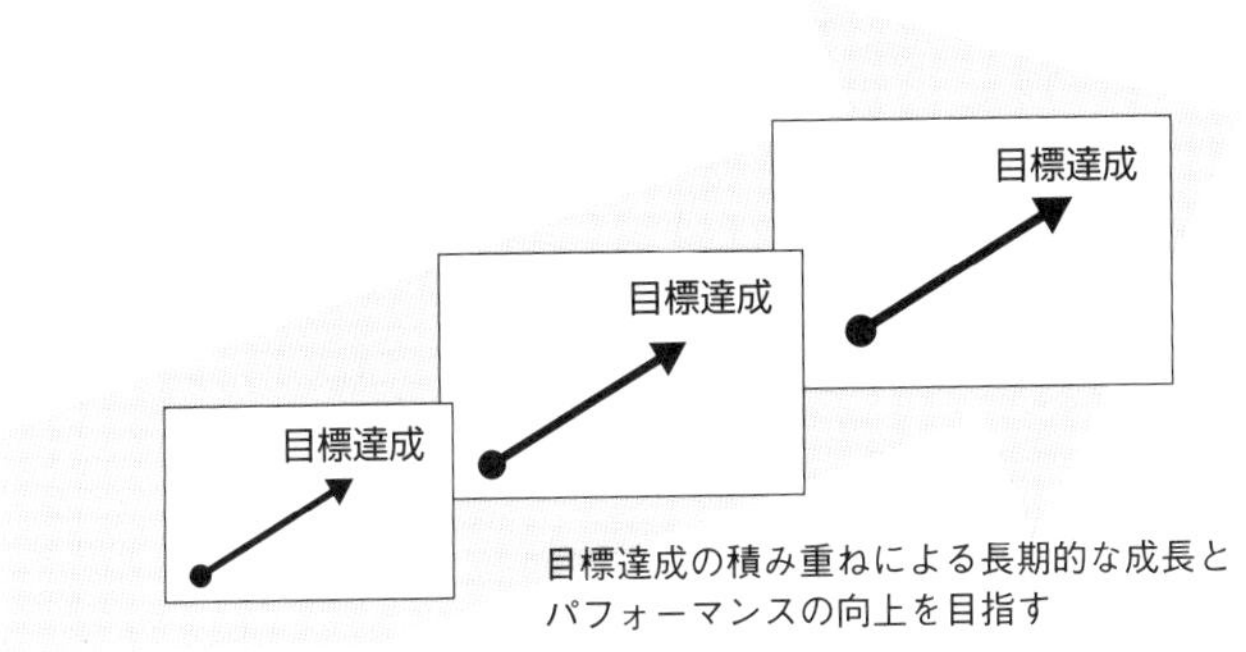
目標達成
目標達成
目標達成
目標達成の積み重ねによる長期的な成長と
パフォーマンスの向上を目指す

ほかにも例えば、未来に対するビジョンが描けないというテーマがあるとします。その場合、「では、五年後どうしていきたいですか？」と聞くのではなく、未来を描く力そのものをつけていただく。

・未来を描くことは、そもそも得意なほうですか？
・未来を描こうとすると、どのような反応が体に起きますか？
・未来は自分にとって、そもそもどういう価値を持っているものですか？
・これまでは、どのようにして未来を描いてきましたか？
・未来がものすごくうまく描けた時は、どのような外側と内側の条件が揃った時だったでしょうか？

このような質問をしていくことを通して、その人が未来を描く技術、力、エネルギーといったものをその人が手にできるようにコーチをしていきます。

そうした力をつけたうえで、実際にその困った部下にどうするか、どういう未来にしたいかという話はします。ただそれは、あくまでもそれに対処できるための能力をつくってからのことになります。

つまり、私たちは、私たちがそこからいなくなった後でも、エグゼクティブがしっかりリーダーシップを発揮できるようにしたいわけです。今の課題を解決するだけでなく、将来の課題をも解決できるような力を身につけてもらうことを考えるわけです。

【エグゼクティブ・コーチングを行なう際のフロー】

さて、エグゼクティブ・コーチングが、どのような流れで行われるのかをもう少し詳しくご紹介したいと思います。

◎エグゼクティブ・コーチングのフロー

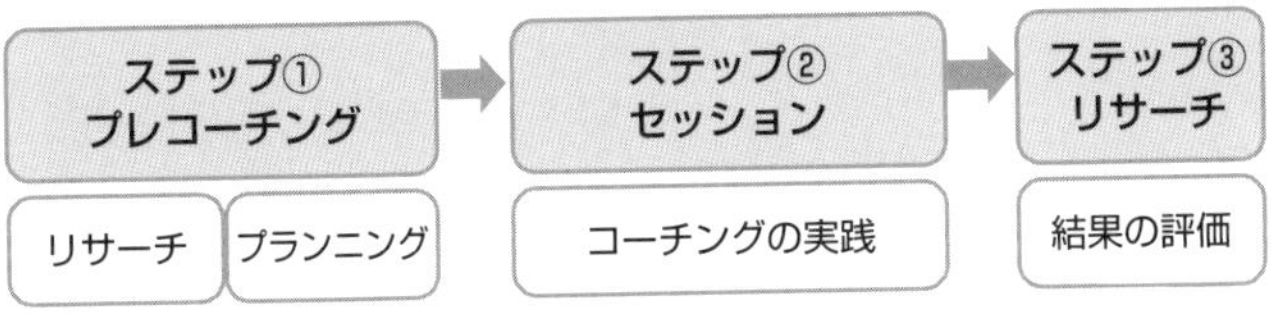

コーチングの依頼をいただいた場合、まずは「プレコーチング」というものを実施します。これは、コーチングがどういうものであるかをきちんと説明させていただくとともに、クライアントの方のことをより詳細に理解させていただくための時間です。

これまでどんなビジネス人生を送られてきたか、現在はどんなお仕事をされているか、典型的な一日の過ごし方は、一週間の過ごし方は、どんな役割を担っていて、どんな組織体制の中にいるのか、会社全体の業績は、担当事業部の業績は、……そうしたことを細かく伺っていきます。

エグゼクティブ・コーチングの契約期間は、半年から一年です。その間に、どのぐらいのセッションをするか、対面だけで行うか電話も加えるか、などといった大まかなセッションプランを決めます。

プレコーチングの終了から一回目のセッションまでには、多くのセルフアセスメント（自己査定）をやっていただくことになります。リーダーシップを高めるためにどのような能力を伸ばしたらいいのか、自分はどのようなコミュニケーションのスタイルを持っているのか、どのようなことに価値を置いているのか、など自分自身を知るためのアセスメントをたくさん実施していただきます。

この宿題を一回目のセッションで検証しながら、リーダーとしてどのあたりに成長余地がありそうなのかを絞りこんでいきます。

ただ、エグゼクティブご本人の視点だけでそれを見出すのは難しいですから、実際の現場ではそのクライアントのリーダーシップをどのように受け止めているか、リサーチプランをつくります。

ウェブを使ったアンケート、部下へのヒアリングインタビュー、会議などの現場オブザーブ、部下がどのような影響をクライアントから受けているかを知るために、リサーチを行います。

多くの場合、このリサーチを一～二回目のセッションの間に実施し、二回目のときに、そのリサーチ結果をベースに、契約期間内でどのような目標に向かうかをセットします。どのようにリーダーとして成長するのか、そしてその成長を果たすことが部下に、事業部に、会社全体にどのように影響を与えるかをシミュレートします。

契約期間内は、セッションだけでなく、メールのやり取りも頻繁に行ないますし、様々な資料や書籍も提供します。コーチがそのネットワークからクライアントの成長にとって役立つであろうと思う人を紹介して、一緒に食事をするようなこともあります。

契約期間の最後には、再びリサーチを行ない、クライアントのリーダーとしての成長が現場にどのような役割を果たしたかを検証します。これで一クールが終了です。

リーダーとしての成長テーマは実は一つだけということはなく、一つが高まったらまた次に、と尽きないものですから、次のクールに向けて契約を延長される方もいらっしゃいます。

私のクライアントの場合、平均二年ぐらい継続されるケースが多いようです。

長い方では一〇年という方もいらっしゃいます。

【この仕事への想い】

私は、日本にもっと多くのリーダーをつくりたいと思っています。リーダーとしてのポテンシャルは高いのに、十分にそれが形として結実していない人がたくさんいます。そんな人が、ほんの少しでもコーチにつき、習うだけで、リーダーシップを高めることができるだろうと思うことがしばしばあります。

少子高齢化に向かう日本の国力を高めるには、経済の分野だけでなく、様々な領域で能力の高いリーダーが現われる必要があります。メンバーの能力を引き出し、生産性を高めることのできるリーダーが。リーダーがよければ、会社や組織は間違いなくよくなります。

この国に少しでも多くのリーダーを育てたい、そんな想いを持って、日々エグゼクティブ・コーチングという仕事をさせていただいています。

1章

リーダーへの第一歩

1章の流れ

荒巻丈一が、父康一郎が倒れたという知らせを聞いたのは、朝通勤の支度をしている最中であった。

原因は脳梗塞だった。幸い一命は取りとめたものの、「これからは寝たきりの生活を覚悟してください」と医者は言った。

康一郎は裸一貫でサービス会社を興し、三〇年かけて会社を社員一〇〇〇人、年商一〇〇億円の規模にまで育てあげた、地元の名士である。しかし、積極的に行った国内外の事業への多額の投資が裏目に出て、今や会社は売上げの五倍にあたる五〇〇億円の有利子負債を抱えていた。

荒巻は大学を卒業して以来、八年間都市銀行に勤務していた。融資担当として大きな案件をまかされ始め、さらなる飛躍に向けていよいよこれからというときだった。当然、父の会社を継ぐなどということは、ほとんど考えていなかった。

しかし、康一郎の会社のメインバンクである地方銀行は、支援を継続する条件として息子丈一のグループへの入社を要求した。

荒巻は、銀行マンとしての冷静な目から、会社の経営が悪化の一途を辿り瀕死の重体であることを、十分すぎるほど認識していた。経営経験のない自分が会社を継いだところで、いったいどれだけのことができるのか。荒巻は迷った。

その一方で、都市銀行の融資担当という立場から、多くの会社の内情に触れ、成功する会社と失敗する会社の違いを肌で感じ始めていた時期でもあり、いつかは会社を経営する立場に立ってみたい、そんなふうに思うこともしばしばあった。

最終的には、父が一生を賭けて築きあげた会社を建て直したい、その一心で会社を継ぐことを決意した。

経営企画室課長、それが荒巻に与えられた最初のポジションだった。最初の一年は人を知り、仕事を知り、カネを知ることで過ぎていった。それは、経営再建に本格的に船出するための準備期間だったといえる。

入社後約一年経って、ようやく彼は代表取締役社長に就任した。リーダーとしての「道」がスタートした。

自社を再建するために
コーチを雇う

その電話は突然かかってきた。

「先生、荒巻です。憶えてらっしゃいますか?」

鈴木が電話をとると、かつて聞き覚えのある声が流れてきた。

久しぶりだったが、ラグビー部でフロントロー(スクラムの最前列)を務めた体から発せられる低音の声を聞くと、鈴木はすぐに荒巻の顔を思い出した。

荒巻が鈴木に電話をしたのは、彼が社長に就任し、半年経った頃だった。

実は、荒巻がまだ高校三年生のとき、鈴木は家庭教師をしていたことがあった。それ以来何の連絡も取っていなかった鈴木に電話をしようと思ったきっかけは、あるビジネス誌のコーチングの特集記事に掲載されていた鈴木の写真だった。

数日後、鈴木を訪ねた荒巻は、自分が会社を経営するに至った経緯をかいつまんで話した後、唐突に切り出した。

「僕にコーチングをしていただけませんか」

予想外の彼の言葉にためらっている鈴木を尻目に、荒巻は続けた。

「コーチングの記事で先生のお顔を拝見したとき、とても驚きました。『あっ、先生だ！』って。大袈裟かもしれませんが運命のようなものを感じたんです。そのビジネス誌は普段読んでいる雑誌ではありませんし。何とか会社を建て直したい、その一心でこの会社に飛び込みました。でも、どうすることが経営再建への近道なのか、今の自分には判断できる材料があまりにも少ないんです。社外の人に相談しても、ただ『がんばれ』と言われるだけ。いっしょに語り合える経営者の仲間も自分にはいません。そんなときに出会ったのが先生の記事でした。自分がリーダーとして成功するためにはきっとこれしかない、そう思いました。恥ずかしい言い方ですけど『救いだ！』みたいな。お忙しいのは承知のうえですが、ぜひ僕のコーチになっていただけないでしょうか」

荒巻の真剣な思いを前に、鈴木は二つ返事でコーチングを引き受けることにした。

こうして荒巻とのエグゼクティブ・コーチングが幕を開けた。

▼コーチの視点

第一回目のコーチングは私の会社の会議室で、面談形式で行われました。一〇〇キロは優に超えるがっちりとした体格とつぶらな瞳を携えた童顔は、以前とほとんど変わっていませんでした。

二時間近くをかけ荒巻氏は、なぜ会社がこのような事態に陥ってしまったのか、一般社員のモラールや役員たちの変革への意識はどの程度あるのか、これからどのような社内改革を行っていきたいと思っているのか……等々、さまざまな資料を提示しながらとてもくわしく説明してくれました。

どれもこれも完璧な説明でした。

過去が分析され、現状が把握され、未来への展望も見据えている。コーチなどいなくても十分に会社は変革されるに違いない、そう思わせるプレゼンテーションでした。しかし、そうした説明を聞きながら、一方でどこかしっくりしないものを私は感じていました。

その違和感は一言で言うと、「言葉が軽い」ということです。

二時間じっくり彼の説明を聞いた後、彼に問いかけました。

「荒巻さんは本当に会社を変えると決めていますか？」

荒巻氏の顔から笑みが消えました。

◉「～しなければならない」の裏にある本音

コーチングを受けられる経営者や管理職の方に、「テーマは何ですか？」と聞くと、ほとんどの場合とても明快な答えを返してくれます。

後継者の育成、新規事業の開拓、社内風土の変革……、経済雑誌の見出しのような言葉がそこには並びます。

ところが、そうしたゴールに向かうことを彼らが「本当に」決めているかというと、実際にはそうではないことが多いものです。

大きく分けて二つの点からそのことがわかります。

一つは「行動」を示唆したときの反応です。たとえば部内の風通しをよくしたいという部長さんに、「では、来週までに一〇人の部下に、部長自身が部内の雰囲気にどのような影響を与えているか、聞いてきてくださいませんか?」と提案すると、「それはできません」ということになります。部内の風通しをよくするのであれば、まず部長に対してものを言わせるのが絶対に近道だと思うのですが、「そこまではしたくない」と言います。

言葉ではたくさん語るわけです。いかに風通しをよくすることが大事か。いかにコミュニケーションが大事か。熱っぽく、身振り手振りを交えて。でも、行動はしたくないというのです。何が何でもそれを成し遂げるとは決めていない、ということがそこでわかります。

もう一つの判断目安は、そのテーマについての話し方です。「決めて」いない人は、話し方がどこか他人事になっています。客観的に理路整然とは話しているけれど、あたかも映画のシーンを回想するように話しているのです。あくまでも自分は傍観者であり、そのことに「実は」「本当を言えば」巻き込まれたくないんだというのが透けて見えます。

こういう人は頻繁に「~しなければならない」という言葉を使います。

「会社を変えなければならない」

「役員ともっと意思疎通を図らなければならない」

本当はしたくないんだけれども、立場上、そうであることを望ま「なければならない」ということなのでしょう。自分が招いたことではないので、本当は責任をとらなくてもいいんだけれども、責任感を「見せる」必要がある。そんな本音が「〜しなければならない」という表現に見て取れます。結局、自分は被害者だと思っているのです。

荒巻氏は後者のタイプでした。

冷静な分析、論理的な話しぶり、落ち着いた表情。だからこそ思ったわけです。本当に彼は「自分が」会社を変えようと思っているのだろうかと。

POINT!

「ふり」は何も変えない。
「本当はどう思っているのか」
リーダーはまず自分の思いに直面する必要がある。

会社を「変える」と決めた人間しか会社を変えられない

「荒巻さんは本当に会社を変えると決めていますか?」

荒巻の顔から笑みが、冷静さが消えた。眉間に皺を寄せ、苦しそうな表情を見せた後、彼はゆっくりと語り始めた。その日初めて出す、彼の、本物の彼の声だった。

「やはり何で自分が、という気持ちはいまだにあります。父親がつくった借金じゃないか。どうして自分がすべての荷を負わなければならないのかって思ってしまうんです。そんなふうに思ったら社長は務まらないとわかってはいるんですが、思ってしまう」

「セレモニーがあったわけではないんです。ある日何となく課長から社長になった。銀行も常務連中もそろそろいいんじゃないか、みたいな雰囲気があった。それもよくなかったんだと思います。自分で決めたという実感がない」

「給料も払えないような状況なのに、六〇人近くもいる役員は朝来るとゆっくりお茶を飲んで、新聞を読んで……。中には小説を読む人までいます。わからないことがあって聞きにいくと、『ほかの人に聞いてよ』とたらいまわしにされる。社内で会社に対して要望はないかとアンケートをとっても空欄だらけで返ってくる。余計なことは言わないという姿勢が染みついてしまっているんですね」

「それでも、ぎりぎりのところでがんばっていると思います。社長になって以来、毎月休みは半日ぐらいしか取っていません。よくやっているなと思います。それなのに周りの役員はまったく仕事をしていない。何で自分が、って思いますよね」

社長に就任してから半年、一度も周囲に語られなかった荒巻の本音がそこにはあった。

すべての言葉、すべての想いを聞き取ろうと全神経を彼に集中させて鈴木は聞き続けた。聞くことが彼に新しいスタートを切る力を与えてくれるのを願いながら。

そして、二〇分近く彼の衷心からの思いを聞いた後、鈴木は彼に再び尋ねた。

「では荒巻さん、どうしたいですか？」

「どうしたいか……ですか？」

荒巻は言葉に詰まった。

▼コーチの視点

「君はどうしたいの？」

コーチ・トゥエンティワンという、コーチングをビジネスとして展開する会社の立ち上げにあたり、私が社長の伊藤から一年間にわたって、ことあるごとに投げられた問いかけです。この問いかけはその後、私を大きく成長させてくれました。今の自分があるのはこれがあったからだとさえ思っています。だからこそ私は、荒巻氏にこの質問をぶつけました。

荒巻氏の話を先に進める前に、私にとってこの問いかけがどのような役割を果たしたのか、ちょっとご紹介したいと思います。

今でこそ多くのクライアントを抱え、コーチングというテーマで年間二〇〇日近く講演やトレーニングをする機会をいただいていますが、最初からこのような場があったわけではありません。立ち上げ当初はフルタイムの一営業マンでした。

それまでの私は一カウンセラー、一トレーナーでしたから、営業経験はまったくありませんでした。しかし、伊藤から言われたのは、とにかくまず「やってみろ」「動いてみろ」「いろいろな人にコーチングについて話してみろ」でした。伊藤自身は営業ノウハウがあるわけです。交渉ごとにも長けています。でも決して私に対してティーチングはしませんでした。「一から一〇までお前が考えてやってみろ」。それだけでした。

仕方がないので、まず『会社四季報』を買ってきて、一日一〇〇件近く電話をして企業の担当者とアポイントを取るということから始めました。

ところが……。「コーチ・トゥエンティワンと申しますが」と言うと、「あっ、不動産ですか?」と返されたり、時には「高知県の会社ですか?」。相手にもされません。やっとアポイントが取れて営業に出向けば、一時間コーチングについて話をした末に、先方から「今日は何をしにいらっしゃったんですか?」と言われる始末。

こんなことが度々続くと、自分の中で言い訳をたくさん並べるようになります。「こんなはずじゃなかった」「自分はコーチであって営業マンじゃない」「結果を出すまでには時間がかかるんだから、毎月ゴール（目標）なんか持たせないでほしい」等々……。

もちろんいくら言い訳をしても事態が改善するはずはありません。いよいよ煮詰まってアドバイスを求めに伊藤の元に行きました。

「どうしたらよいのでしょう?」

彼はとても真剣な眼差しで私を捉え、尋ねました。

「君はどうしたいの？」

一瞬、頭が白くなるのを感じながら、懸命に答えました。「こうして、こうして、こうするのがいいと思ってはいるんですが」と。するとすかさず彼は返しました。

「君がそうするのがいいと思っているのはわかったけど、で、君はどうしたいの？」

「どうしたいか……ですか？」

◉「決める」ということ

「自分はどうしたいのか」

それまであまり向き合わなかった質問でした。

いざ問いかけてみると、脳を上からぎゅっと掴まれるような感じがしました。言葉を生み出すことのできない苦しさがそこにはありました。しかし、くり返し問いかけていくと、言い訳や愚痴や批判が徐々に徐々に身を引き、厚い壁でまだ覆われてはいるものの、自分が真に欲していることがうっすらと見え始めました。中身はわからないけれども、確かにそれがそこに存在していることが認識できました。そして、それが何であるかを見つけ出さない限り、本当の意味で自分のコミットメント、すなわち最後まで何があってもやり抜くという意志が高まることはないということが把握できました。

一年近くかかりました。その厚い壁の中身が何であるかを知るのに。何度も何度も伊藤に尋ねられ、また何度も何度も自問自答し、「いったい自分はどうしたいんだ?」とくり返すたびに、壁は薄くなり、その実体を現し始めました。

問いかけつづけて、結局これは自分がやりたいことではなかったという場合もあるかもしれません。それでも言い訳と愚痴と批判の毎日を送るよりは、ずっとましでしょう。

私の場合、最終的に姿を現したそれは、澄み切った夜に浮かぶ月光のような明晰さを備えていました。一点の曇りもありませんでした。これが「決める」ということなんだと、私は初めて自覚しました。

「では荒巻さん、どうしたいですか?」――伊藤が私にしたのと同じ質問を荒巻氏にもしました。ことあるごとに、そう問いかけつづけました。

もちろん、その問いに対して荒巻氏はかなり長い間答えを返すことができませんでした。時には、質問に対して答えられないイラつきをこちらにぶつけてきたこともありました。

「どうしたらいいんですか!」

それでも、決して答えを返すことはしませんでした。

「答えがほしいのであればコンサルタントを雇ったほうがいい。僕の役割は荒巻さんが答えを自分で見つけるのを支援することですから」

コーチングが始まって三か月程経った頃、荒巻氏はセッションの中で、ふとした拍子に私に言いました。落ちついた、それでいてとても力強い声で。

「誰かが会社を変えてくれるということはないんですよね。一人、変えると決めた人間一人が、会社を変えるんですね」

荒巻氏の改革がスタートした瞬間でした。

POINT!

変革はたった一人から始まる。
本当にそれを成し遂げようと思った一人から。

揺るぎない軸を持つことで迷いがなくなる

「自分はどうしたいのか?」

この質問は、荒巻の中でだんだんと内在化していった。コーチングのセッションを離れても、ふと町を歩いている瞬間に「俺はどうしたいんだ?」という問いかけが荒巻の頭の中に起こるようになった。

この問いが頭の中でくり返される頻度が上がると同時に、荒巻はさまざまな情報に自分からアクセスするようになった。

荒巻は『○○式××経営』『△△はなぜ強いのか』といった経営指南書を片っ端から読み漁り、『日経ビジネス』『ダイヤモンド』『プレジデント』などありとあらゆる経済誌に目を通した。また経営者同士の交流会や講演会にも積極的に参加するようになった。「どうしたいのか?」という問いに対する答えを本や雑誌、そして先人の話の中に積極的に求め始めたのだ。どのようにリーダーシップを発揮したいのか、どのような会社をつくっていきたいのか。答えを探し出そうと、外部の情報に対するレセプター（受容器）が一気に開き始めた。

あるとき、荒巻は鈴木にこう語った。

「最近のトレンドは、まさにコーチング型の経営ですよね。トップダウンでものを言うのではなくて、社員一人ひとりの意見を吸いあげていく。ビジネス界だけではなくて、スポーツ界でも指示命令型の監督がいるチームは軒並み衰退してしまい、コーチング型の指導をしているチームが勝ちあがっている。やっぱりそのほうがいいんですよね」

荒巻は鈴木が当然、この考えを支持してくれるものと考えたが、鈴木は意外にも何の結論も下さなかった。ただ、ビジネス界やスポーツ界におけるさまざまな事例を伝えると同時に、今、彼がトップダウン型のリーダーシップを発揮したらどういうメリットがあるか、どういうデメリットがあるか、一方、コーチング型のリーダーシップを追求するとしたらメリットは何か、デメリットは何か、ひたすらシミュレーションすることを荒巻に求めた。

「やはりコーチング型の経営を実践しようと思います。ありがとうございました」

その日、荒巻は意気揚揚とした声で電話を切った。

現場に戻った荒巻は常務の中西に、自分が多くの経営に関する書籍を読んだこと、外部のいろいろな人にアドバイスを求めたこと、そしてその結果、社員全員が経営に参画するような会社にしたいと思ったことを伝えた。

モラールの下がった役員の中にあって、一番やる気があり、日頃何かにつけ自分を応援してくれているのが中西だった。きっと自分の意見に賛同してくれる、そう思って荒巻は伝えたのだった。

ところが、荒巻の予想に反して、中西は反論をぶつけてきた。

「そんな甘いことでは決して会社は再建できませんよ。こんなときだからこそ社長がリーダーシップを発揮してぐいぐい社員をひっぱっていってくれないと。社員一人ひとりにやる気があるのなら参加型でもいいでしょう。でも、今うちの会社は社長もご存じのように緩みきっています。そんなときに、参加型も何もないでしょう」

次のセッションで荒巻はこの中西の反論を鈴木に伝えた。

「中西の話を聞くと、それももっともだなという気もしてしまいました。私の取ろうとしている方向性は間違っているんでしょうか?」

▼コーチの視点

荒巻氏の中に迷いを感じたため、もう一度二人で、トップダウン型経営とコーチング型経営についてシミュレーションを行ってみました。緩みきった社員にトップダウンで接することのメリットとデメリット、短期的にはどうか、二〇年のスパンで考えたときどうなのか、もしコーチング型経営を実践するなら、どんな行動を起こす必要があるのか、どんな行動を止める必要があるのか、とにかくあらゆる角度から分析を試みました。

「中西はああ言っても、やはり今求められているのは、コーチング型経営だと思います」

その日もまた荒巻氏は意気揚揚とした声で電話を切りました。

ところが次のセッションで、再び荒巻氏は混乱していたのです。

「近くに住んでいる、やはり二代目の経営者がいるんです。歳は自分とあまり変わりません。彼から、『そんなことを言っていたらなめられるぞ』って言われたんです。二代目はただでさえ周りの厳しい目にさらされている。ちょっとでも隙を見せたらなめられる。なめられたら終わりだから、がんがん行かなきゃダメだぞと。またわからなくなってしまいました」

私は試しに聞いてみました。

「どういう人がなめられるんだと思います？」

「えっ？」

「トップダウンかボトムアップかは関係ないんですよ。なめられる人となめられない人がいるんです。何が違うんだと思います？」

「さあ……」。荒巻氏は困惑した表情を浮かべました。


このセッションの中で私は荒巻氏に『ゴッドファーザー』という映画の話をしました。『ゴッドファーザー』はアル・パチーノの出世作です。彼が扮するマフィアのファミリーの三男マイケルが父親の後を継ぎ、ボスに成長していく様子が克明に描かれています。最初マイケルは堅気の、一見頼りなく見える優男でしたが、ファミリーを継ぐことが決まると、彼の中で徐々に「何があっても自分がファミリーを守る」という「軸」が育っていきます。そうするとすべてのことはその「軸」から判断されるようになり、彼には迷いがなくなっていきます。視線、声、身のこなし、すべてに「筋」が通り始めると、それまで彼を軽くあしらっていた周囲の人間も彼に一目を置くようになるのです。

マキャベリの『君主論』によれば、君主たるものは好かれすぎてはよくない、もちろん嫌われてもだめで、畏れられる（恐れられるではなく）必要があるとのことです。畏れられるが故に、フォロワー（従者、部下）との間に適度な緊張が生まれ、フォロワーは君主のために常に最高のパフォーマンスを発揮しようという意志を持ち続けることができます。

では、どうすれば畏れられるのでしょうか。それは『ゴッドファーザー』のマイケルのように、「軸」を持つことです。軸を持った人間を目の前にするのは、大地にしっかりと根を下ろした巨木を前に佇むようなものです。その圧倒的な存在感の前に人は畏れを感じます。

●畏れられるリーダーに

荒巻氏には『ゴッドファーザー』をビデオで観ることを提案しました。そして翌週のセッションで彼に尋ねました。

「荒巻さんが会社を経営するうえで一番大事にしたいこと、見つかりましたか？」

彼は明瞭な口調で返しました。

「どんなことがあっても自分は社員を大事にしていきたいと思います。それはこれからもずっと変えずにいきたいと思います」

そこから、少なくとも彼が「軸」を持つことの重要性を理解したことがわかりました。

何が社員を大事にすることになるかは、一概には言えないわけです。緊急時にトップダウンで戦略をつくり、社員の大反対を押し切ってそれを推進することが、社員を大事にすることになるかもしれないし、頻繁に現場に赴き、声をかけたり、彼らの要望を聞くことが大事にすることなのかもしれません。

どちらをやるにしろ、それが揺ぎない「軸」から生まれているときは、おそらく周りはそれを止めることはできないでしょう。常務も他の役員も簡単には口出しできないはずです。

「畏れられる」リーダーに向けて、荒巻氏は小さな一歩を踏み出しました。


POINT!

「自分の軸は何なのか」
軸を持ち、それを日々意識しているリーダーは、
決して揺るがない。

経営者は、「決める」ことを決めておく

軸を決めたということは、何をして何をしないかを判断するためのものさしを持ったということである。次に荒巻は、そのものさしを持って判断する練習、決断する練習をする必要があった。いつでもどこでもそのものさしを無意識に使いこなせるように。

荒巻が、AなのかBなのか、現場での選択を迷っているという話をするたびに、鈴木はそれは軸に照らし合わせるとどちらであるかと問いかけた。

「このような場合は会議中に自分が発言したほうがよいでしょうか、ある程度会話を流してディスカッションさせたほうがよいでしょうか」

「メールで伝えたほうがよいでしょうか、直接会って話したほうがよいでしょうか」

「ほめるべきでしょうか、叱るべきでしょうか」

そう荒巻から問いかけられるたびに、決まって「どちらのほうが結果として社員を大事にすることになるでしょうか？」と尋ねるのだった。

荒巻は、時になかなか答えを出すことができなかった。

「ん〜」と考えたまま、長い沈黙がつづくこともあった。けれど沈黙が起こっても、鈴木からは決して口を挟むことはなかった。その沈黙を自分から破ろうとするプロセスで、荒巻の中に決断する力がついていくと考えたからだ。

荒巻は苦しみながらも何とか答えを見つけていった。

「これでいきます」

ところが、幾度か似たようなセッションを重ねても、荒巻が同じテーマをくり返し持ち出してくることがあった。

たとえば、荒巻はあるセッションで、会議では極力自分が発言せずに、参加者に自由にディスカッションさせると宣言をした。しかし実際の会議の場面では、少しでも方向性がずれ始めると、このままある程度流したほうがよいのか、それとも強引に引き戻したほうがよいのかがわからなくなって、ジリジリしてしまうことが多くあった。結局どちらにも舵が取れず、ただ会議は意志なく流れていった。

「セッションで話をしているときには、こっちだよなと思うんです。ところが、現場で判断しなければならない状況になると、すごく迷ってしまうんです」

▼コーチの視点

どのテーマについても、実は荒巻氏の中に答えはあるのです。でも、経営者という立場がその答えを外に出すことをためらわせているようでした。

「荒巻さん、決断をするということについては、私自身も過去にずいぶんと悩んだ時期がありました。少し自分のことを話してもいいですか？」

私はこのセッションで、自分の「決断の歴史」を荒巻氏に話しました。

中学一年生のときのことですが、今でもその瞬間はとてもはっきりと憶えています。部活のない水曜日、学校が終わって一〇人ぐらいのグループでどこかに出かけようという話になりました。あそこがいいんじゃないか、ここがいいんじゃないかとみな思い思いのことを言いました。でも、なかなか行き先が決まりません。

そのとき一人の友人が言いました。

「鈴木がリーダーなんだから、鈴木決めてよ」

私は学年の代表をやっていたわけでもなかったし、番長としてふるまっていたわけでもありません。突然リーダーと呼ばれて、何で自分が？　と思いました。それでも周りは「そうだ、鈴木決めろよ」と言ってきます。

その瞬間に頭がものすごいスピードで計算を始めたのがわかりました。こう言うとあいつは面白くないだろう、こっちに行くと言えばあいつに後で何か言われるかもしれない。そんなことが一気に頭を駆け巡り、文字どおり言葉が出てきませんでした。じっとこちらを見る一〇人の友人たちの前で、『すくんで』しまったのです。

そのうち痺れをきらして、一人が言いました。「いいよ、動物園に行こうぜ。○○は来週行けばいいじゃん」。そのとき、リーダーのポジションは彼の手に渡りました。

そこで感じた重さはそれ以降、決断の場面になるとしばしば自分の中に蘇りました。

大学時代、私はラグビー同好会に所属していました。同好会といっても毎週三回きっちり練習をし、大会ではクラブチームのリーグ優勝を目指してしのぎを削っていました。三年生のとき、私はキャプテンに選ばれました。同好会にはコーチや監督はいませんから、キャプテンが最終意思決定者です。練習の進め方、練習試合の相手、戦術など、キャプテンが決めなければいけないことはたくさんあります。ところが、決めるということを前にすると、中学一年で感じたあの『すくみ』が自分の中に起こってしまうのです。

「こういう練習をすると言ったらみんなはどう思うだろう」「厳しすぎると言われないだろうか」「この戦術だと、あいつからうちのクラブのスタイルは変わったと反論されないか」等々。一番重かったのが、出場選手を決めることでした。「あいつを落としてこいつを入れたいけど、三年生から文句が出ないだろうか」「あいつはあんなに練習をがんばっているのに外したらかわいそうじゃないか」……、考えれば考えるほど重くなりました。

◉「決める」ことを「決める」？

こうした重さを自分で乗り越えたなと思ったのは、コーチ・トゥエンティワンを立ち上げてからのことです。創立時のメンバーだったということもあり、社長の伊藤からはリーダー的な役割をまかされました。しかし、最初からリーダーが務まったかというと、なかなかそうはいきませんでした。やはりAかBかという決断を前にすると立ちすくんでしまい、決められないのです。

あるとき、伊藤から言われました。

「何で決められないか知ってる？」

「何ででしょう……？」

「決めるって決めていないからだよ」

落雷のような一言でした。そして、私はこの一言をきっかけに決めるということを決めました。AかBかを決める前に、決断することをまず決めるようになりました。

◉行動の背景に決断を

私の決断の歴史を、荒巻氏はじっと聞いていました。決めることを決めていないというのは、荒巻氏にとっても大変インパクトがある話だったようです。彼は言いました。

「これまで決めるということを自分も決めていませんでした。どちらがいいかはうすうす知っていても、決めるのを決めていないから、決断して伝えることができなかったんだということがよくわかりました」

もし迷ってどうしても決められないときは、今は決めないと決める。「迷っている」とメンバーに言うことを決める。この件に関しては自分一人でやるのではなく、人の意見を聞いて遂行すると決める――とにかく何かしら決めることに覚悟を持つのです。

まったく同じ行動でも、背景に決断があるのとないのとでは醸し出す雰囲気がまったく違います。決断が背景にない行動を取るリーダーを見ていると、メンバーは不安になり、チームは精神的支柱を失います。

トヨタ自動車の奥田さんが社長だった頃の決裁箱は、やり残しや保留がないため、いつも空だったそうです。日産自動車のゴーン社長は「全員の意見を聞くが、最終的にはすべてを自分が決める。まかせることも含めて自分が決める。それが経営の要諦だ」と言っています。有能なリーダーは何よりも決断することを既に決めています。決して決めることから逃げたりしないのです。

それ以降、荒巻氏の決断のスピードは急激に速くなりました。コーチングのセッションの中でも「Aでしょうか、Bでしょうか」と聞くことよりも、「Aでいこうと思うんですが、どうでしょう?」と初めから決断を用意してくることが増えました。


POINT!


決断するのはリーダーの仕事である。

それは技術ではなく、意志の問題である。

経営者としてのミッションを持つ

決断のスピードを上げた荒巻に対して、鈴木はさらに問いかけた。

「荒巻さんのミッションって何ですか？」

「ミッション、ですか??」

荒巻は何のことを問われているのかわからないといったふうに、言葉を詰まらせた。

「ええ、ミッションです。リーダーとして、周りに何を与えたいかということです。お客様へのミッション、株主へのミッション、さまざまなミッションがあるかと思いますが、今尋ねているのは社員に対するミッションです」

今、荒巻は社員の心を掴み、チームをつくりあげるという大仕事の最中にあった。外と戦うためには、まず内を強固な組織にする必要がある。だが、まだ荒巻にはその自覚が十分に育っていなかった。鈴木はさらに言った。

「すべての決断が、強いチームをつくるという目的に合致するようにしてください」

▼コーチの視点

私は、荒巻氏が日々決断するという作業をより的確に遂行するために、ミッションについて問いかけました。つまり、「最終的に社員に何を与えたいか」ということです。

軸は行動の指針になりますが、リーダーはさらに、その結果社員をどうしたいのか、どうなってほしいのかということを明確にしなくてはいけません。彼は「社員をとことん大事にする」と言いました。では、社員をとことん大事にした結果、社員に何を手にしてほしいのか、それを荒巻氏の中で確固たるものにする必要がありました。

結局会社を「つくる」のは社員の「マインド」です。社員の意気込みです。社員をどういう状態にしたいのかということなしに、会社を成功させることはできません。自分の中に持つ軸に対して、行動の結果相手にもたらしたいものをミッションといいます。

「潜在能力を如何なく発揮させる」「チームで事を成し遂げることの素晴らしさを実感させる」「世の中の平均以上の年収を取らせる」などのようにミッションが明確で、軸が明確で、そして決めるということを決めていれば、決断はそれほど難しいことではありません。相手の出方にこちらがいちいち惑わされることがあまり起こらなくなります。

そしてミッションがはっきりすると、何よりも、自分の「エゴ」のために社員からの信頼を失ってしまったり、風説を立てられてしまうようなことが少なくなります。

このことを理解してもらうために、ある大手広告代理店の部長を対象としたコーチング研修での、私と参加者のやりとりについて荒巻氏に聞いてもらいました。

◉何を最優先しているのか

ある部長が「部下がねえ、なかなか育たないんだよね。やっぱり俺がいけないのかね」と冗談めかして聞いてきました。間髪を入れずに私は「そうですよ」と答えました。

部長は一瞬、ハトが豆鉄砲をくらったような顔になりました。おそらく「そんなことないですよ。部下にも問題はありますよ」というような答えを私から期待していたのでしょう。

しかし、すぐさま彼は自分の言ったことをフォローし始めました。

「何かこう、最近の若い人は昔に比べて、自分がどうにかしてやろう、面白いことを企画してあっと言わせてやろうっていうような気持ちが少ないんだよね」

それに対して再び私が返しました。「もちろん部下側の問題もあると思います。時代背景もあるでしょう。でも部長が部下を成功させるということを最優先させない限り、事態は変わらないと思いますよ。部長が最優先しているのは別のことではないですか?」。

どこか思い当たることがあったのでしょう。彼は言葉を失いました。

言葉ではみんな言うわけです。自分は部下のことを考えている、育てたいと思っている。でも心の奥深いところでそれを思っているかというとそうではなく、最優先しているのは別であることが往々にしてあります。

「部下がゴールを達成することで自分が上司から認められたい」「能力がある上司だと部下から認められたい」「いち早く問題を解決して自分が顧客からの信頼を勝ち得たい」……つまり最終的に自分が何を手にできるかを強く考えているのです。

もちろん自分が手にするものを考えることがダメだというわけではありません。それに思いを寄せることは、仕事を成し遂げるエネルギーになるでしょうし、より創造性の高いものを産み出す力ともなるでしょう。しかし、部下と相対したときに、自分が何を手にするかをあまりに強く心に抱いてしまうと、部下の信頼を得ることが難しくなってしまいます。部下の信頼を得られなければ、長期的には上司本人にとっても大きなマイナスとなるはずです。

だからこうしたいわゆる「エゴ」を瞬間でも抑えるために、ミッションを持ちたいわけです。
部下の信頼を得て、チームとしてより大きな仕事を成し遂げるためにも、自分ではなく部下に何を手にしてもらいたいのかを意識したいのです。

このことは、研修を行う私自身にとっても課題となっています。私が受け持つ研修では、一方通行で講義をするのではなく、双方向のコミュニケーションを参加者と交わしていきます。コミュニケーション上でどのような課題があり、それをどうやって解決していくことができるのか、その場のやりとりの中で見つけていくのです。ですから、時には先ほどの広告代理店での例のように、そこまで言うのか、というようなことまでも言ったりします。

興味深いのは、こちらがちょっとでも自分が手にするものを優先してしまうと、そのやりとりはうまくいかないということです。傍《はた》からはまったく同じように見えるやりとりでも、こちらが心の中で『勝つこと』を第一に置いてしまうと、相手は最後まで納得しません。

別のときに実施した研修でのことです。中に反発的な参加者が一人いて、「そんなことは今さら言われるほどのことでもありませんよ」「古典的なたとえ話ですね。あんまり面白くないですよ」などと言うのです。

私は彼の攻撃に対して自分の身を守ろうと、つい勝ちにいってしまいました。知識で圧倒し、参加者のマイナス面を的確に指摘しました。彼は、その瞬間は気づきを得たような顔をして、「とても参考になりました」と言って座りました。でも、トレーニング終了後のアンケートは、彼だけ五段階評価で二をつけました。

一方、参加者に対してどんなに辛らつなことを言っていても、「この人を重さから解き放ち軽くする」「自分しだいですべては変えられるのだということを理解してもらう」「この人の根底にある『人に関わる力』を引き出す」などとミッションを抱きつづけているときは、どこまでも会話を継続させていくことができますし、それによって参加者との関係が悪くなることもありません。参加者からの評価も最高によいわけです。

◉自分だけのミッション

荒巻氏は電話の向こうで「なるほど、なるほど」と何度も私の話にあいづちを打ちました。

このセッションの後で荒巻氏には、二週間後までに社員に対するミッションを考えてくるという宿題を出しました。とにかく二週間、朝から晩まで、寝ても覚めてもそのことについて考えてほしい、そう言ったのです。徐々にリーダーとしての自覚を育てている荒巻氏なら、できるはずでした。

二週間後のセッションで荒巻氏はこう言いました。

「ミッションは『社員に元気と勇気を与える』、これでいきたいと思います。今、うちの社員はみんな元気と勇気が大きく欠けた状態だと思うんです。表面的には、やる気を失っているけど別に問題ないんだ、みたいな顔をしていますが、内実はそんなことはない。お互いのつながりも感じられず、つらい精神状態です。元気と勇気を与える、何よりもこれが今、自分に課せられた使命なんだと思います」

シンプルな言葉ではありましたが、荒巻氏の言葉には力がこもっていました。それは荒巻氏が生み出した、荒巻氏だけのミッションだったのです。

POINT!

「自分はリーダーとして周りに何を与える存在なのか」ミッションがはっきりしている人は決してモチベーションが下がらない。

自分自身に対する質問力を高めておく

荒巻がコーチングを受け始めて間もない頃、悪天候が続いたため客の出足が鈍り、収益が月の予算を大幅に割り込むということがあった。

銀行から継続して支援を受けるためにも、経営計画とかけ離れた収支報告をするわけにはいかない。月ごとの収支を監督している銀行に対して、たとえ一か月でも悪い決算を出したくない。そんな思いが荒巻を追い立てた。

荒巻の頭は「数字」で一杯になっていた。いくら努力しても天気ばかりはどうしようもない。しかしこの頃の荒巻には、天気なんてそのうちよくなると思う余裕などなく、「もし来月も悪天候が続けば収支は……」そんな否定的な考えばかりが去来していた。

荒巻は動揺しながら鈴木に電話した。

「こういうときはリーダーとしてどのようにふるまうべきでしょうか?」

とにかく早く答えがほしい。その答えを手にしないと、もう先へ進めない、そんな焦りで荒巻は一杯になっていた。

しかし、鈴木の答えは、予想外のものだった。

「その質問って何回ぐらい自分にしましたか？」

「えっ？」

「答えを見つけるということから少し離れましょう。どんな質問を自分にすると有効だと思いますか」

コーチの視点

リーダーにとって、ピンチが訪れる瞬間は幾度となくあります。素早い解決を期待する周囲の視線を感じると、ますます「早く何とかしなくては」と焦りを感じるでしょう。しかし、窮地に陥ったときには、すぐに「答え」を見つけようとするのではなく、自分自身に対し良質な「質問」を投げかけるほうが有効だったりするのです。

先程の相談を受けてから一五分近く、現状の荒巻氏に対してどのような質問を投げかけることができるか、お互いに知恵を出し合いました。

・この機会を好機と捉えることはできないか？
・悪天候に影響を受けない収益構造とはどのようなものか？
・社員は社長にどのような姿勢を取ってもらいたいと思っているか？
・先代の社長だった父親であればどのようなふるまいをするだろうか？
・今回の出来事は自分がリーダーとして成長するためにどのような役割を果たしてくれるだろうか？
・起こり得る最悪の事態は何だろうか？　また、それに対して取り得る具体的な行動はどのようなものだろうか？
・社員にどのような協力を仰ぐことができるだろうか？
・自分が一番恐れているのは何だろうか？
・五年というスパンで考えたときに、この出来事はどのような意味を持つだろうか？
・今この時点で変えられることと変えられないことは何だろうか？

二人は、考えつく限りのありとあらゆる質問を口に出してみました。

するとすると突然、すっきりとした声で荒巻氏はこう言いました。

「自分の頭の中がものすごく整理できました」

それまで単一の方向からのみ事態を眺めていて袋小路に陥っていたのが、質問をつくり出したことで、さまざまな方角から状況を観察することができ、いくつかの答えが荒巻氏の中に浮かんだようでした。

困難な状況と思える事態に直面したときに、どのようにそれを乗り越えることができるかは、まさにリーダーが試される瞬間です。周囲はリーダーがどのようにふるまうのかをよく見ています。平時のふるまいももちろん大事ですが、「非常時」の対応は周りの人間の印象に克明に刻まれます。不測事態が起こったときこそ真価が問われるのです。こういう事態に対応するためには、いち早く質の高い質問をつくり出し、自分に投げかけるのが得策です。

◉質問にバリエーションを持たせる

「こういうときはリーダーとしてどのようにふるまうべきでしょうか?」

おそらく彼は頭の中で何百回、何千回とこの質問を自分に投げかけたはずです。

「自分は今、どうふるまうべきだろうか？」という問いかけ自体はそれほど悪くはありませんし、くり返し問いかけることで生まれる言葉もあると思います。しかし、窮地からいち早く脱したいときに、同じ質問をくり返しくり返し自分に投げかけ、「正解」を見つけようとするのは時間の効率的な利用法とは言えません。

読者のみなさんにも同じような経験はありませんか。「どうすればいいんだろう？」「なぜこうなったんだろう？」と同じ質問を壊れたレコードのように何度もリピートするが、結局は答えが見つからず、時の流れに身をまかせ偶然に頼ってしまったり、あいまいな結論に妥協してしまったり……。

危機をいち早く脱することができる人というのは、詰まるところ自分に対して投げかける質問のバリエーションが多いわけです。

「どうすればいいのだろう？」と問いかけてすぐ答えが出なければ、答えを見つける労から一歩離れて、どのような質問を自分に投げかけられるかを考えるのです。いろいろな視点からさまざまな質問を自分に向けることで、「壊れたレコード」では見つけられない、自分の中のさまざまな情報にアクセスすることが可能になります。

答えはその人自身の中にあることが多いものです。ただ、質問がワンパターンであると、その答えに行き着くことがなかなかできません。たとえ行き着いたとしても、膨大な時間がかかってしまいます。だから、最初は遠回りに感じるかもしれませんが、答えを探すのをいったん断念して、質問をつくり出すことに意識を集中させるわけです。

困難な状況から脱することを命題として課せられるリーダーは、高い質問力を持つことが要求されます。荒巻氏は、その質問力を早い時点で身につけることができたようです。

POINT!

多くのリーダーは答えを思いつくことに長けているのではなく、答えに至る質問を創る力に長けている。

当たり前のこととして孤独とつきあうべき

荒巻が経営者になって頻繁に味わった感情、それは一言で言えば孤独感だった。

自分が気を緩めれば会社はすぐにでも倒産しかねない。自分次第で一〇〇〇人の社員の命運が決まるかもしれない。すべての責任は自分の双肩に乗っている。

一方で社員には危機感がないように見えた。責任の一端を担おうという気概がない、会社への愛情がない、そんな気がした。社長と社員が会社に対して負っている「もの」は天と地ほども違う。こうした違いが彼に強く「一人」ということを実感させた。それは、荒巻が都市銀行の行員であったときには味わうことのなかった思いであった。

荒巻が鈴木をコーチとして雇った表向きの理由はいくつもあった。経営のノウハウを知りたい、頭を整理する時間がほしい、後ろから一押ししてほしい……等々。彼自身もそのことをよく口にした。しかし、そうした「表」の理由に加えて、単純に「話し相手がほしい」という「裏」の理由が存在していることが、鈴木にはすぐにわかった。

荒巻はしばしば口にした。

「経営者って孤独ですよね」

「本当にそうですね」

だが、鈴木はそれ以上同情の言葉をかけることはなかった。

▼コーチの視点

ひとり、部屋で会社について思いを馳せているときに、突然冷たい痛みを伴って体に襲いかかる孤独感。自分一人しかいないという感覚。逃げ出したくなるようなこの「孤独感」と向き合うことは、リーダーに「なる」ために絶対避けては通れないステップです。ただ、荒巻氏には深刻になってほしくはありませんでした。だから頻繁に伝えました。

「経営者は孤独ですから」

「そういうもんですよ」

「ほかの会社の経営者もよく孤独だ、孤独だって言ってますよ」

それは特別なことではなく、リーダーである以上は「普通に」向き合わなければならないものなんだ、そしていくらでも口に出して語ってよいものなんだということを彼に知ってほしかったのです。彼には、深刻ではなく軽やかに孤独感と向き合ってほしいと思いました。

もしみなさんが、経営者、もしくは経営者に準じる方ならよくご存じだと思いますが、世に経営者が集まる会というのは非常に多くあります。どうしてこんなに？　と思うくらい多いのです。

コーチ・トゥエンティワンの立ち上げ当時、私自身ある会に入会しました。そこで名刺を交換させていただいた方から、「こんな会をやっているのですが来ませんか？」とファックスが届きました。案内された会に出れば、またそこで知り合った人から別の会についても紹介を受ける、といった具合にどんどん機会は増えていきました。

最初は本当に驚きました。世の中になぜこんなに経営者の会が多いんだろうと。

たいてい六時頃から集まって、一時間ぐらいゲストスピーカーの講演を聞いて、その後一時間半ぐらいの懇親会がついてきます。その懇親会の最中、経営者は何やらずっと話しています。もう、べらべらべらべら、昼間の喫茶店で中年のおばさんが会話をしている様子と何ら違いはありません。

経営者は、昼間社内で「一人」を味わっていますから、どこかで人とつながりたいんですね。そこでちゃんとバランスを取っているわけです。

◉孤独を味方につける

荒巻氏とコーチングのセッションを持つときは、彼がその日どれだけ人とつながりたいと思っているかを自分なりに測っていました。「孤独度数」とでも言いましょうか。荒巻氏がつながることを渇望しているなと思うと、特に質問もせず、提案もせず、ただ彼の話に耳を傾けました。あいづちに心からの気持ちを込め、確かにここにあなたの話をちゃんと聞いている一人の人間が存在するということを彼に伝えました。そうすることが彼の孤独を和らげ、彼に明日への、新たなリスクに飛び込むための活力を与えることになると信じて。

実際のところ、孤独を感じるのは、悪いこととは言いきれません。自分は孤独である、一人である、最終的に頼れるものは自分しかいない、そう気づいた瞬間のリーダーには強さがあります。孤独と向かい合った瞬間に独特に放つ光があります。

ただ、リーダーも人間ですから、いつも一人でいいというわけではありません。自分の仕事について、自分が向かい合っているその孤独について理解してくれる人間が間違いなく必要です。ああしろでもこうしろでもなく、ただそのままを理解してくれる人間が。

こうしたつながりを感じる機会がないと、過度な選民意識が醸成され、独善的な判断を下すリーダーになってしまう危険性があります。だからこそ、時には荒巻氏の話をただ聞くことで、行きすぎた孤独感から脱出させる必要があったのです。リーダーとして長くやっていくには、こうした孤独の抜け道をどこかにつくることが大切となってくるでしょう。

荒巻氏はしばしば言いました。

「なかなか経営者の話は聞いてもらえないですからね。ちゃんと聞いてもらえるとほっとします。ぎりぎりまでやってみよう、そう思えます」

POINT!

孤独とどうつきあうかがリーダーには問われる。
孤独を味方につけるか、敵にするか、
はたまた中立的な存在として受け入れるか。

2章

人を動かす、人を巻き込む

2章の流れ

コーチングをスタートさせた当初、荒巻の会社はまさに破綻の危機に直面していた。売上げの減少により資金繰りは悪化し、不渡りが起こるぎりぎりのラインでキャッシュフローは推移。巷では金融危機が叫ばれ、一度は支援を表明した銀行がいつ手を引くかもわからない状態だった。

時は荒巻が経営者として育ち、その才覚を磨いてから事に当たることを許してはくれなかった。コーチングを受け、リーダーシップマインドを体系的に自分の中に構築していく傍ら、破綻を回避するために、重要施策を次々に打ち出し実行しなければならなかった。

荒巻はまず役員定年制の実施に踏みきった。それまでは父の息のかかった人間が役員に引きあげられ、特別なことや本人からの申し出がない限り役員を辞める必要はなかった。その結果、社員一〇〇人の会社に五九人の役員がいるという異例の事態を招くことになったのだ。当然、意思決定がスムーズにいくはずもなく、役員会は機能不全を起こしていた。最初に大鉈を振るうべきは何よりも、この肥大化した役員の数を減らし、意思決定機関としての役員会の役割を取り戻すことだった。

直接あるいは間接的に自分に向けられるさまざまな反発を必死の思いで押し切り、役員定年制の実施を荒巻は敢行した。

それにより、五九人の役員は一気に一一人にまで減らされた。

また、キャッシュフローをよくするために、父康一郎が多角化した事業をすべて見直し、ありとあらゆる不採算事業を売却もしくは清算した。遊休不動産や本社ビルの売却も決めた。賞与は停止し、社員の給与は五%から最大三〇%カットを断行した。年収ベースにすると最大四〇%の減収になる社員もいた。とにかくコストを落とし、事業をスリム化し、利益が出る体質が生まれるよう荒巻は急いだ。

こうした社内制度の改革を推進する傍らで、荒巻はくり返しくり返し、ありとあらゆる場面で社員に自分の思いを説いた。何としても会社を守らなければならないこと、今はすべてに優先させて会社の存続を考えなければいけないこと、それを全員でやらなければならないことを。

現場に足を運び顔を見せて、声をかけつづける

会社の状態が悪いとは薄々知っていても、「きっと何とかなるだろう」ぐらいに思っていた社員は、それまで朝来て新聞を読んでいた役員が会社を去り、事業がどんどん売却され、自分の賞与がなくなり給与がカットされるという事態に直面して、初めて事の重大さを認識した。

それは、いままで平和に暮らしていた人たちが、急に戦争に巻き込まれてしまったようなものである。何が起きているのかを体で理解するにはまだ時間が必要だった。また、会社の危機に対して自分は何をしたらよいのか、社員はすぐには呑み込めなかった。

コーチングのセッションで荒巻は言った。

「こういうときだからこそ一方で、社員のモチベーションを高める努力を自分がしていかなければならないと思うんです」

「どうしますか？」

「やはり社員は不安だと思うんですね。どうなってしまうんだろうかと。だからできるだけ自分が現場に足を運んで、顔を見せて、声をかける。会社が社員を大事にしているというのは、大勢の前で声を張りあげるだけでは伝わらないと思うんです。実際に現場で眼を見て、大事にしているよという気持ちで一人ひとりに声をかける。それが今絶対に必要だと思うんです。そうしないと会社が空中分解してしまいそうで」

▼コーチの視点

人はお互いに協力し合うことによって生き延びてきた種です。一人だけでは生存できません。ですから、潜在意識のレベルでは、自分には協力者がいるだろうか、味方がいるだろうかというのを絶えずチェックしています。

声をかけられるというのは、その人が自分の存在に気づいてくれているということです。それが何度も続けば、「あなたの味方ですよ」と言われるのと同じ安心感を得られます。だから実は人はみな、心の中では声をかけられたいと思っています。そこに詮索や画策がなく、あなたの協力者ですよというメッセージだけがあるのであれば、一〇分おきにでも声をかけられたいものです。「自分は生き延びることができるのだろうか」という不安を、その瞬間は忘れることができますから。だからこそ、「元気?」「最近どう?」程度の言葉でも、リーダーが頻繁に投げかけていくことで、メンバーに安心感を持たせることが可能になるのです。

◉声をかけることの効能

荒巻氏は「声をかける」ことを実践しました。声をかけてかけてかけつづけました。休日でも現場は営業しているからと、自分の休みもほとんど返上して支店をくまなく回りました。そしてただ応援して歩いたのです。叱責するのでも、批判するのでもなく。

最初の頃は、彼にはまだあまり「技」がありませんでした。その場で問題を聞き出し解決するというようなこともできなければ、気の利いたおしゃべりをして相手を奮い立たせることもできませんでした。ただ愚直に声をかけて回りました。

「がんばってくださいね」

「どうですか、最近?」

「おはようございます」

シンプルな言葉の中に「心」を込める――それがその時点で荒巻氏にできた最善の「社員を大事にする」であり「元気と勇気を与える」でした。

給与カットを断行している中での声かけです。しかも創業者の息子とはいえ、生え抜きではなく、別の世界からやってきた外様です。心情的には敵の陣営に丸腰で臨むような怖さがあったことでしょう。しかし、荒巻氏は勇気を持って敵陣に一人で入っていきました。雨の日も風の日も。そうすることが社員の会社への「気持ち」をつくるのだと信じて。

この時期から三年経った今、私は思います。彼が社員に声をかけつづけたのは、シンプルだけれどもこの会社を破綻という危機から救った、とても大きなアクションだったと。

POINT!

多くのリーダーはメンバーに声をかけている。
ただ、どんな状況の時でも変わらず
声を毎日かけ続けているリーダーはそう多くない。

「不安感」ではなく「安心感」で社員を動かす

荒巻は声をかけるという行為を、自分の直感に基づいて起こした。会社に対する求心力を高めるためには、「おそらく」社長である自分が現場に出向き、顔を合わせて社員に声をかけたほうがよいだろうと。本や雑誌に書かれているさまざまなリーダーをモデルにはしたが、そこに理論があったわけではない。このような理由が背景にあるから声をかけるんだと決めたわけではない。ただ、直感だった。

それでも迷うことはあった。

「この半年ぐらい、とにかく懸命に現場を回って社員に声をかけてきましたが、最近ちょっと迷いを感じることがあるんです。一つはあまりに社長が現場に出てくると、社員からは監視と思われないかな、と。自分としては元気づけてあげたい、モチベーションを高めたいと思って行くわけですが、向こうはどのようにそれを受け取っているんだろうかと、ふと不安になるときがあるんです。

あと、いつも『どうですか？』『元気ですか？』ばかりで、社員から、社長はいつも同じことしか言わないなと思われているんじゃないかというのも心配です。もし現場に赴き声をかけつづけるにしても、バリエーションがいるんじゃないかと気になります」

「理論が必要ですね。自分の行動に信頼を与えつづけるための」

鈴木は返した。

「荒巻さんは、社員を動かすために不安をつくり出したいですか？　それとも安心感をつくり出したいですか？」

「不安か、安心感か、ですか……？」

▼コーチの視点

大きく分けると人の動かし方には二種類あります。

一つは相手の中に不安をつくり出し、相手がその不安を解消させようとするときに生まれるエネルギーを利用する方法です。成績が悪いと怒鳴り、叱り、相手を不安に陥れる。普段は言葉さえまともに投げかけない。よい成績を上げたときだけ「よくやった」とほめる。ただほめるのも一瞬だけで、すぐ次に向けて動かないと脅す。このようにして相手の根底に常に不安が横たわるように仕組み、そこから相手が脱しようとする力を利用するわけです。

程度の差こそあれ、多くの経営者、管理職は昔も今もこの不安をつくり出すという手法によって社員にモチベーションを持たせています。スポーツの指導者も、学校の先生も、親も、「不安マネジメント」にかなり頼っています。

一方で、相手に不安ではなく安心感を与え、その安心感を拠り所として相手が行動を起こすことができるように関わっていくという手法もあります。たとえ相手が何もしなくても、その「存在価値」に対して認知を与えていくのです。頻繁に声をかけ、名前を呼び、共に仕事をできることの素晴らしさを直接的にも間接的にも常日頃から伝えていく……そうやってまず相手のために十分な居場所を確保し、その中で相手が自由に創造的に動けるように支援していくアプローチです。

不安をベースに相手を動かす場合は、ほめるという行為の使い方が重要になります。どの行動に対してどのタイミングで「ほめる」という行為を出すか、それは伝家の宝刀であり、軽々しくちょっとした成功に対して与えられるものではないわけです。

一方安心感をベースに相手を動かす場合は、単にほめるのではなく「アクノリッジメント」という行為が重要視されます。アクノリッジメントは訳すと「存在承認」。辞書によれば「その人がそこにいるということに自分は気がついている、それをその人に教え伝えてあげること」です。声をかける、あいさつする、話を聞いてあげる、名前を呼ぶ、その人の過去の言動を（もちろん肯定的なことを）憶えていてそのことを話題に出す等の行為がそれに当たります。単にほめるのが行為承認であるのに対してアクノリッジメントは存在承認です。

安心感をベースに人を動かそうとする場合も「ほめる」という行為は当然使われます。ただ、その目的は相手の不安の解消ではなく、ほめた行為を相手に将来的に維持継続してもらう、つまり「その線でやっていってもらう」ことにあります。

◉機能しなくなった不安マネジメント

コーチである私の主観ですが、大量生産、大量販売の時代は「不安マネジメント」でも十分やっていけたと思います。とにかく動けば、がんばればよかったわけですから。しかし、より僅差の競争に勝ち抜くために、現場でかつてないほどに一人ひとりの創造性が求められるようになってくると、不安よりも安心感をベースに置いたほうが「強い」のではないかと思います。不安なときよりも安心感があるときのほうが、間違いなくクリエイティビティは高まりますから。

　また、みんながみんな会社でがんばって上を目指そうとしたときは、不安マネジメントは機能しました。やって当然という風潮もありました。しかし今のように価値観が多様化し、別に仕事も合わなければ辞めるからいいよというような時代になると、不安マネジメントは一部の、上昇志向、成長欲求の高い社員にしか効かないアプローチになりかねません。「拾えない」社員がたくさん出てきてしまう可能性があります。

　荒巻氏には、この不安をベースにしたマネジメントと安心感をベースにしたマネジメントの違いを伝えました。

　荒巻氏は興味深そうに私の話を聞いた後、言葉を返しました。

「これまでうちの会社は不安マネジメントでやってきたということがよくわかりました。父は実はかなりアクノリッジメントもうまいタイプだと思うんですが、それを一部の人間にだけ使うことで、全体には不安をつくり出してきた。それで会社はここまで大きくなったけれども、その不安をつくり出した本人である社長がいなくなると、社員は途端にやる気を失ってしまった。今まではただトップの意向に従って動いてきただけで、現場が創造的に動いていたわけではなかったんですね。これからより一層競争が厳しくなる中で、不安をつくり出していくマネジメントでは、おそらく対抗できませんね。第一自分は父親のように強烈な不安をつくり出せるタイプではありませんし」

◉「認めている」というメッセージを伝える

次のセッションで、荒巻氏と私は三〇分かけて、社員に対してどのようなアクノリッジメント、存在承認が可能であるか棚卸しをしました。

・相手が複数いるときでも、一対大勢という形で声をかけずに、一対一で声をかける。一人ひとりにパーソナルアテンションを向ける
・「髪の毛切ったね」「テーブルのレイアウト変えたんですね」「ポスター貼ったんですね」など、変化に気づき、それをただ事実として伝える
・電話をしたときに、事務の女子スタッフが出たとしても、「あっ、早乙女さん、元気?」といったように必ず名前を呼び、何らかのコミュニケーションを交わす
・「お客様からこんな声聞いたよ」「支店長がほめてたよ」など第三者の声を伝える
・「いつもありがとう」「助かってるよ」とねぎらいの言葉を心を込めて伝える

・「お子さんの風邪治った？」「お客様に○○というサービスを試すって言ってたけどどうだった？」など、ちょっとしたことでも憶えておき、そのことについて問いかける

荒巻氏は誰かが自分をアクノリッジしてくれるのを待つことを止めました。誰かがつくり出した「ムード」に乗ることを止めました。そしてどんなときであろうとも自分から一歩踏み込んでアクノリッジすることを強く心に決めました。リーダーとして会社のムードを率先してつくることを己の責務として課したのです。

多くの社員が荒巻氏にアクノリッジされると上気した表情を見せました。ぽ～っと顔を赤くして喜ぶ社員もいました。女性社員も男性社員も、若手社員も年配社員もアクノリッジメントに対して良好な反応を見せました。

荒巻氏は痛感したそうです。いかに社員がアクノリッジメントに飢えていたかを。「私のことなんかほっといてよ」「俺にかまうなよ」という素振りの裏で、いかに強く存在を認知してほしいと思っていたかを。「冷たく乾いた」職場の中に長年いることで、誰よりも社員たちが一番心を疲れさせていたことを。

変化が起きました。それまで社長である荒巻氏が顔を見せても、おざなりに蚊の泣くよう

な声でしか挨拶をしなかった支店の社員が、荒巻氏を見ると、向こうから寄ってきて「おはようございます！」「お疲れ様です！」とはっきりした声で挨拶をするようになったのです。「挨拶しろ」とは一言も指示されていないのに。

またあるとき荒巻氏は、赴いた支店で自分専用のコーヒーカップが用意されているのに気づきました。それまでは紙のコップでコーヒーが出てきていたのに、女性社員が社長のためにと自発的にコーヒーカップを買い、準備してくれたことを後で知りました。

荒巻氏が依頼した資料も、以前よりも早く、そして確実にあがってくるようになりました。

少しずつ、少しずつ、会社に変化への胎動が見られるようになってきました。

POINT!

アメもムチも使わずに人を動かすことができる。
それが真のリーダーである。

当事者意識を高めるコミュニケーションをつくる

荒巻の会社の営業の要は、営業統括役員の下に四人いる、支店長と呼ばれる地域統括責任者だった。営業収益は四支店のある地域ごとに計上され、その総和が会社全体の収益となる。よって、この四人の支店長がいかに傘下の社員にモチベーションを持たせ、その地域での売上げを最大限に高めるかが、会社蘇生のためには必要不可欠であった。

荒巻が入社した頃は、経営企画室がすべての予算計画を立てていた。この地域は前年対比一一〇%、あの地域は前年の落ち込みが激しかったので今年はそれをカバーするために一三〇%というように。しかし、その決定に際して現場の意向に耳を傾けることは一切なく、銀行からの出向者が計画をつくり、支店長会議の場で発表するということが行われていた。

荒巻は、まだ経営企画室の課長だったときに初めて参加した支店長会議のことを、今でもよく憶えている。

銀行からの出向者である室長が、配布された資料を基に淡々と来年度の予算計画について発表していく。四人の支店長は全員生気なく、目を資料に落としている。「来年度のA地域は一二〇％でお願いします」と室長が言っても、支店長は目を落としたまま、驚くわけでも同意するわけでもない。

荒巻は、営業会議というものは喧喧囂囂《けんけんごうごう》のやりとりの中で予算を煮詰め、雰囲気を盛りあげ、さあ行こう！と意気あがるものだと思っていただけに、現実とのギャップにただ愕然とするばかりだった。

明日にも会社は破綻するかもしれないというときに、これは何なのだろう。とんでもない会社に入ってしまった。荒巻は背筋が寒くなった。

この支店長会議をどうやったら変えられるのか。荒巻は鈴木に語った。

「支店長にどのようにすれば当事者意識を持たせることができるかが、現時点での非常に大きな課題です。彼らはどのようにしたいと思っているか、ぜひ聞いてみたいと考えています。ただ、問いかけても向こうが何も答えてくれなかったらどうすればいいのだろう、そんな怖さもあるんです」

▼コーチの視点

私は荒巻氏の話を受けて、一つの提案をしました。

「一時間ぐらい支店長と対話する時間を持ってみてはどうでしょう。相手に特別なことを話させようなんて思わなくていいですから。どっしり、ゆったり腰を落ち着けて、支店長といっしょに過ごしてください。昔からの友達とお茶でも飲むつもりで」

何が何でも相手に話をさせようと思っていると、もし相手が口を開いてくれなければ、こちらは苦しくなってしまいます。またそうした態度は、相手に「話さなければならない」という余分なプレッシャーを与えてしまい、かえって相手は話せなくなったり、聞き手に都合のよいことばかりを喋ってしまったりということが起きてしまいます。

「特に何も話さなくてもいいですよ。ただちょっといっしょに時を過ごしませんか」――そんな姿勢でアプローチすると、逆に人は多くを語ってくれることが多いものです。

荒巻氏は早速その週に、支店長の一人に会いに行きました。

経営サイドに対する不信感を顕わにして、言葉をあまり返してくれないのではないか。そんな荒巻氏の不安は杞憂に終わりました。

真摯に向かい合う荒巻氏に、支店長は初め頭を下げ、謝罪の言葉を連発しました。「すみません。私の能力が足りないばかりに売上げが伸びなくて。本当にすみません」。

荒巻氏は支店長の思いもよらない反応に驚くと同時に、責任を感じながらも、その悔恨の気持ちさえ周囲に表現できる機会が支店長になかったことを悟ったそうです。あなたの話を聞かせてほしいという表情を携えた荒巻氏を前に、それまで押し込めてきた支店長の感情が初めて外に出たのでしょう。

◉思いを引き出す

荒巻氏は、支店長にこう聞きました。

「どうすれば売上げを上げられると思いますか？　支店長の考えをぜひ教えてください」

予想外の質問に、支店長は一瞬虚を衝かれたような顔をしたそうです。経営陣から意見を求められることは、支店長になって初めてのことだったのです。

支店長はゆっくりと、しかしとてもしっかりとした口調で話し始めました。今売上げが落ちている原因はどんなところにあると思っているか。どのようにすれば業績が改善するか。新しい客層を捕まえるために客単価を変えたほうがよいと思っていること。午後の時間だけ限定して新サービスをスタートしてみたいと思っていること。ライバル会社で取り入れているサービスをヒントに思いついたアイディアを試したいと思っていること……。

それまで内側に溜めていたものが、一気に外側に活路を見出して飛び出していきました。次第に言葉が熱を帯び、支店長は身振り手振りを交えて思いを語るようになっていきました。

荒巻氏は支店長の一言一言に熱心に耳を傾け、そしてノートを取りつづけました。荒巻氏自身、初めて触れる会社内の人間の前向きな意見でした。

荒巻氏は、その場で決裁できるアイディアに関してはすぐに承認を与え、もう少し吟味が必要と思われる提案に対しては、現場で十分にスタッフと話し合い、実行することが決まったら教えてほしいと伝えました。

そして「ぜひ結果を教えてください」「うまくいったらすぐに聞かせてください」「何かできることがあればいつでも言ってください」とエールを送りました。

こうした言葉を通じて、自分は監督者として支店長をコントロールしたいわけではなく、サポーターとして応援していきたいんだということを、支店長の眼をまっすぐに見て何度も何度も伝えていったのです。

一時間の予定だったのが、気がつくとあっという間に二時間が過ぎていたそうです。荒巻氏が用意していったノートは丸一冊びっしりと、支店長の話で埋まっていました。

その日の夜、社員がみんな帰った後のオフィスで一人、荒巻氏は今日の支店長との会話を思い出していました。そして、何度も何度も支店長が言った言葉を頭の中で反芻しました。

「会社を何とか救いたいんです」

「本当はみんな会社が好きなんです」

「絶対に会社を立て直す」。荒巻氏は誰もいないオフィスに向かって決意を固めました。

POINT!

叱責以外の方法でメンバーの当事者意識を高めることができるか。リーダーは叱責以外の当事者意識を高める方法を持っている。

部下の心に飛び込んで要望を直球で伝える

中堅の社員で、仲間というグループリーダーがいた。荒巻はあるとき、仲間と彼の上司を交えて飲みにいくことがあり、席上、思い切って聞いてみた。

「仲間さん、どうすればこの会社をもっとよくすることができると思いますか?」

仲間は間髪を入れずに答えた。

「やはり全員がリーダー意識を持つことだと思うんです。今はみんな他人事ですから。これじゃあ会社は変われない。一人ひとりが『自分の』会社という意識を持って毎日仕事に当たらないとだめだと思います」

荒巻は体が上気するのを感じた。会社を変えようと真剣に思ってくれている社員がこうしてちゃんと存在している。そんな思いに荒巻は束の間酔いしれた。

帰り際、二人は強い握手を交わした。仲間はハリのある大きな声で「これから会社のために一生懸命がんばります!」と言い残してその場を去っていった。

ところがその後、仲間がある研修後に提出したレポートを見て、荒巻は困惑した。そこには「会社にはビジョンがない。どれだけやっていけるか不安だ」とあったのだ。

荒巻の話を聞くと、鈴木は尋ねた。

「その研修の後で仲間さんとはお話しになりましたか？」

「いえ、まだですが……」

▼コーチの視点

私は荒巻氏に、ほかの会社での事例を話しました。

その企業は一八の営業所を抱えているのですが、そのうちの一つの営業所の業績が一向に上がらず、本社では頭を抱えていました。ある四半期には、その営業所の三人の営業マンが退職願を出してライバル会社へと移っていきました。本社では所長の責を問い、解任して別の所長を据えました。

ここからが驚きなのですが、新しい所長が任に着いて半年で、全営業マンの成績が、未達から一〇〇％達成へと変わりました。人もシステムも特に何も変わっていないのに。

本社は、私たちにリサーチを依頼してきました。いったい前の所長と新しい所長とは何が違うのか、その違いを明確にしてほしいと。

私たちはその営業所の営業マンへのインタビューを敢行しました。二〇人いる営業マンから一人最低一時間は時間を取ってもらい、話を聞きました。その結果、新しい所長が特徴的に行っているいくつかのことが明らかになりました。

一つ目は、とにかく頻繁に営業マンをねぎらっているということです。「いつも助かるよ」「よくやってるな」「ありがとう」……怒鳴り散らしていた前任者とは大違いです。

二つ目は、目標は与えても、それをどう達成するかについては、すべて営業マンに考えさせるということです。「どうすれば目標達成できると思う?」「そのお客様に今日何ができる?」等々……相手がその行動を見つけ出すまで問いつづけるそうです。

そして三つ目。ちょっとでも営業マンが浮かない顔をして営業所に戻ってきたら、「何かあったか?」とすぐに声をかけるということです。絶対に気になることを次の日に持ち越さず、その場で解決するのです。

荒巻氏には、こう言いました。

「一つ目と二つ目はまさに荒巻さんが今、日々チャレンジしていることですよね。そして三つ目は新しい視点を提供してくれるのではないでしょうか。今後も似たようなことはいろいろと起きてくると思います。誰かのことが気になったり、頭を悩まされたり。そのときに大事なのは、何といってもその問題に、その人に飛び込むことだと思います。逃げない。引かない。向かい合って話をするということです」

◉部下の心に飛び込み、すぐに解決する

荒巻氏はすぐに次の日、仲間氏に会いに行きました。自分はビジョンを持っている、今、自分が考えていることを伝えて仲間氏の誤解を解きたい、そう思ったのです。彼は自分の考えを改めて小さなメモにまとめ、仲間氏のいる事業所を訪れました。

仲間氏は初め急な社長の来訪に驚いたようでしたが、すぐに話をする荒巻氏の顔をまっすぐに見つめました。荒巻氏の語るビジョンをしばらくじっと聞いた後、仲間氏は言いました。

「私が聞きたいのはそういうことじゃないんです。ありきたりの言葉で語られたビジョンなんかではない。いっしょにやろう、そう言ってほしいんです、社長に。建て直しに参加したいんです。一流銀行を辞めて沈没寸前の会社に来てくれた社長を応援したいんです」

荒巻氏は言葉を失いました。落雷に打たれたようなショックでした。彼はこれまでたった一人で会社を建て直そうとしてきました。社員に声をかけたり、意見を聞いたりはしたけれども、それは社員を動かすための戦術の一つであって、本気で「いっしょにやろう」と思ってきたかというとそうではなく、自分が動かすものだとずっと思ってきたことに気づいたのです。思い切って仲間氏と話さなかったら、その真意を誤解したままだったでしょう。ショックではありましたが、それは胃が痛くなるようなものではなく、目の前が爽快に晴れ渡るような衝撃でした。荒巻氏は仲間氏の眼をまっすぐに見つめ、きっぱりと伝えました。

「いっしょにやっていきましょう」

POINT!

リーダーは多くの球種を投げることができる。
ただ、ここ一番では直球を使う。

社員の解決能力を高め社員を自立させる

荒巻はその頃、週に最低でも三日は支店に足を運んでいた。荒巻のいる本部から一番遠い支店までは片道で二時間半はかかる。それでも荒巻は、どんなに忙しいときでも現場に行くことをやめなかった。今は自分が顔を見せ、会社に求心力を持たせることが何よりも大事だ、そう自分に言い聞かせ、現場を回りつづけた。

一度行けば半日はその支店で時間を費やす。すべての部署をくまなく回り、社員に声をかけ、話を聞く、そのくり返しだった。

最初は頻繁に現場を訪れる社長に戸惑っていた社員も、声をしっかりと「自分に」かけてくれる荒巻に、徐々に親近感を覚えるようになっていった。どこに行っても、社員から率先して荒巻にあいさつをしてくれるようになり、会社の「ムード」が確実によくなっているのを彼は肌で感じるようになった。

しかしその一方で、荒巻が対応を考えなければならない問題も出てきた。

社員が自分で解決できない悩みを、現場を訪れる荒巻に直接相談するようになったのだ。ほとんどの社員は荒巻より年上である。社長ということで遠くから眺めていた社員たちも、彼の存在を身近に感じるにつれ、相談しやすい年下の男性と見る向きが出てきたのだ。

「支店長の立てた販促計画には問題が多いと思うんです。このままでは売上げは上がらないと思います。社長はどう思いますか」

「経理部長の仕事の進め方にはどうしても納得がいきません」

荒巻は何となく違和感をおぼえていた。社長である自分が社員の悩みを解消していくことは、果たして社員を大事にすることになるのだろうか。社員に元気と勇気を与えることになるのだろうか。

彼はコーチングのセッションで鈴木に意見を求めた。

「これまで、急に降って湧いたような社長と思われていたのが、頻繁に現場を訪れた甲斐あって、社員のほうから自分を認めてくれたんだと思います。会社をよくしようと思って言ってくれているわけで、それはすごく嬉しいんです。だからつい『わかりました。話してみましょう』とか言ってしまう。でもこれってどうなんでしょうか?」

▼コーチの視点

これは、荒巻氏にとって正念場になるかもしれない、私はそう思いながら返答しました。

「前に荒巻さんは言ってましたよね。創業者であるお父様が犯した一番大きなミスは、彼が同心円の中心になってしまい、考えることを止めてしまったことだと。みんな最終的な決裁をお父様に求めるようになってしまったと。社員の投げかける問題に対して荒巻さんが答えを与えていくというのは、そうした危険性をはらんでいると思います」

多くの会社のマネジャーや経営者は、いち早く部下の悩み事に答えを与えることができるのが優秀なリーダーの条件だと思っていますから、すぐに回答を与えてしまいます。

けれども、それでは永遠に部下の解決能力は高まりません。不測の事態に対応することができなかったり、考える癖がつかなかったりと、部下はどうしても依存的になってしまいます。自立した社員の集団に変えるのか、それとも誰かが解決してくれるのを待つ依存的な社員の集団のままでいくのか、すべては荒巻氏の出方次第でした。

◉自分で考える力を育てる

セッションでこのような話をした次の週、支店に赴いた荒巻氏を一人のマネジャーが呼び止め、相談を持ちかけてきました。

ある部下が先月、義理の母を介護する必要が出て、妻の実家に転居することになったので、会社を辞めたいと言ってきたそうです。マネジャーはそれならしょうがないと辞表を受理し、それを支店長にも伝えました。ところが、先週の人事異動で自分の直属の上司になるグループリーダーが別の地域に転勤することになったのがわかると、その部下は辞意を取り消したい、もう一度会社でがんばりたいと言い出しました。

よくよく話を聞いてみると、その部下はグループリーダーと折が合わず、会社を一度は辞めようと思ったが、そのグループリーダーが異動になるのであれば、何とか残りたいということだったのです。マネジャーは、もし支店長にこのことを伝えれば、おそらくだめと言うであろうが、どうしたらよいか、と荒巻氏に相談してきました。

荒巻氏は答えました。「マネジャーはどうしたいんですか？　何よりもマネジャーがその部下をどうしたいかだと思うんです」。

マネジャーは、その部下は優秀で専門性も備えており、グループリーダーと折が合わなかったことに気づかず、サポートしてあげられなかった自分にも非があるわけで、できれば残したいと思っていると伝えました。

荒巻氏は言いました。

「おそらくストレートに言えば支店長は拒否するでしょう。支店長はルールを曲げるのが嫌いな人ですから。もし本気でマネジャーがその部下を残したいのであれば、どうすれば支店長にイエスと言わせることができるか考えてください。夜を徹して考えてみてください」

二日後、マネジャーは部下とともに、支店長に会いに行きました。そこで、与えられている予算のさらに一〇％増しの売上げを必ず今期中に達成するので、部下を残してくださいと言ったのです。どうすれば売上げが予算の一〇％増になるか、詳細なプランが書かれた資料を用意して。付け焼刃でなく、よく練り上げられた資料であることは一目瞭然でした。

マネジャーと部下はまっすぐに支店長を見ました。決して引き下がらないというその真剣な眼に、最初は難色を示した支店長も、許可を与えました。

この一件以来、荒巻氏は現場で相談を受けても、緊急に決裁を必要とする事項以外は、決して安易に答えを与えなくなりました。相談を持ちかけられても、「まずはあなたの考えを教えてほしい」、そう返しました。

すぐに、軽く「わからないんですよ」と答える社員に対しては、「僕が動いてしまうのは簡単です。でも僕はあなたに自分で考えて自分で答えを見つけてほしい。たとえその答えが間違っていたとしても、僕は決してあなたを責めたりはしません。でも答えを出す労を惜しみ、誰かに頼り、あるいは何となく時間に流されていくことは絶対に許しません。それは今、何とか必死に借金を返済し、普通の会社に戻ろうと懸命に努力し始めているほかのスタッフに対して失礼ですから」と、相手の眼をまじろぎもせずしっかりと見つめ、荒巻氏は伝えました。

会社は自立した集団に向けて動き始めました。

POINT!

リーダーはメンバーに安易に答えを与えない。
メンバーが答えを生み出す力を育てるのが役割である。

3章

伝播するコミュニケーション

3章の流れ

現場に出向いて社員に声をかけ、アクノリッジメントをし、問いかけ考えさせる。社員の意見をじっと聞き、彼らが生み出したちょっとした行動にも承認を与え、成果をあげたときには手放しでいっしょに喜び賞賛を与える。

シンプルに言えば、これが荒巻の行った社内変革に向けての行動だった。

荒巻は、来る日も来る日もこの一連の行動を起こしつづけた。最初は戸惑いを見せていた社員たちも、荒巻とのコミュニケーションを日々体験しているうちに、自分の中の何かが動いたことに気づき始めた。また、荒巻が企画したコーチング研修を受けた社員の中には、今までの自分の周囲との接し方について、見直す者も出てきた。

特にその効果が強く認識されたのが、「聞く」という行為だった。一方的に指示するのではなく、相手の考えに耳を傾ける、ただそれだけのことだが、荒巻に意見や考えを聞かれることで、社員たちは以前よりも積極的に意見を出すようになり、新しいアイディアも浮かんでくるようになった。

やがて彼らは、自分が体験したのと同じことを、周りの社員に対しても実践するようになった。やる気のない部下に歯がゆさを覚えていたチームリーダーは、接し方を変え、部下を認めているというメッセージを伝えることで、彼らの自主性ややる気を引き出すことができるようになった。いつも一方的な指示を送るだけだった支店長は、「聞く」ことで、チーム全員の力を借りられることを学んだ。

この新しいコミュニケーションスタイルは、役員に伝播し、支店長に伝播し、そしてマネジャー、チームリーダー……と伝播していった。最終的にその影響は現場で働く一般社員や契約社員にも及び、いつしか会社の雰囲気が変わっていた。

荒巻が起こした小さな風は、やがて会社全体を揺り動かす大きな風となっていったのだ。

「聞く」態度を見せることで「つながり」が生まれる

96ページで登場した仲間は、社内の状況に対し、非常に強い危機意識を持っていた。それだけに、荒巻の社長就任以前の会社の状況には、激しいいらだちを感じていた。やる気を失った部下は日々漫然と仕事をしていた。ミーティングを開いても、部下が口にするのは会社に対する不平不満ばかり。同僚を中傷するような意見が出ることもめずらしくなかった。仲間は、そんな部下たちに「それじゃだめだ」「もっと一生懸命がんばろう」と言いつづけてきた。けれど部下のモラールは一向に上がる兆しを見せず、煮詰まっていた。社長への「暴言」もそんないらつきが背景にあった。

荒巻が仲間と会った後のコーチングセッションでは、鈴木との間でどのようにすれば社員一人ひとりが経営に参画しているという意識を持てるのかが議題となった。一人ひとりの意見を大事にしたいというメッセージをいかに早く社内に浸透させることができるか。しばらくさまざまな角度から検討した後、荒巻がこう言った。

「コーチング研修をリーダークラスに実施するのはどうでしょう。コーチングは相手に考えてもらい、相手の意見を引き出し、それを最大限経営に活かしていくアプローチですよね。そのコーチングを社内で展開するということは、メッセージ性があると思うんです。これから会社は社員の意見をこんなふうに扱おうとしているんだということが伝えられる。まずは反応が生まれやすいリーダークラスに試してみたいと思うんです」

それから二か月後、リーダークラスに対して二日間のコーチング研修が実施された。黒く日に焼けた精悍な面持ちの仲間リーダーの姿もその中にあった。

▼コーチの視点

仲間氏は二日間の研修期間、終始真剣な表情で私の話に聞き入っていました。細かくノートに書き留め、しばしば質問のために手を挙げました。

「約束を破ったり、チームワークを乱すような行為をする部下はやはりちゃんと叱るべきだと思うんですが、そういうときに何か留意することはありますか？」

「もちろんきちんと叱ることは大事だと思います。そのことには何ら問題ないでしょう。ただ一つお伺いしたいのは、そうした場面で仲間さんが部下に行動を改めさせるために、叱る以外に取れる方法はありませんか？」

「叱る以外ですか？……まさかその行為を認めるわけにはいかないでしょうし……」

「それですよ。認めてしまうんです。もちろんそれでいいよ、改めなくていいよということではなく、その行為を取ったことについてはきっと理由や背景があったのだろう、それは理解するよ、ということを示すわけです。叱られ慣れている人には結構、新鮮だと思いますけど」

仲間氏がコーチング研修に参加して気がついたのは、部下を励ましたい一心で伝えていた言葉が、結果的にすべて部下を否定することになっていたということです。

仲間氏は、それからというもの、とにかく部下の話に耳を傾けるようにしました。どんな話も決して否定せず、先読みせず、最後まで聞くと決めて部下と向かい合いました。

ルールから外れた行いをした部下には、「どうしてそんなことをしたんだ」ではなく「何かあったのか？」と問いかけました。

うまくお客様に対応できないと言う部下には、アドバイスを与え、「もっとがんばれ」と話を切る代わりに「どんなところが難しいんだ？」とさらに話を促すようにしました。

同僚を非難する部下には、「そんなこと言っちゃだめだろ」と叱責するのではなく、「俺にできることはないか？」とリクエストを引き出すようにしました。どんなに忙しいときでも、作業している手をいったん休め、部下の話を真剣に耳で追いました。

ここで仲間氏がたどり着いた一つの揺るぎない真実は、「みんな正しい」ということです。上司からすれば、何であいつはこうなんだ、になるわけですが、部下の視点に回ってしまえば、一から一〇まですべてつじつまが合っていて、絶対に正しいわけです。

親も正しければもちろん子供も正しい。夫も正しければ妻もやっぱり正しい。あなたが自分は正しいと思っているのと同じ分だけ、ほかの人も自分は正しいと思っています。

ですからほんのちょっとでも向かい合った相手の正しさを否定などしたら、相手はよりいっそう自分の正しさに固執する行動に走ります。結果としてこちらのメッセージは本当の意味では相手に「入らない」のです。

ゆえに先手を打って、相手の正しさをまずこちらが守ってあげるのです。「守ってあげる」とは、たとえば「どんなことがあったの？」と聞いてあげることです。関心を持って相手の話に耳をそばだてることです。そうすると初めて相手はこちらの正しさを少し受け入れてくれるようになります。

◉聞くことで人の力を借りられる

このように仲間氏が部下に対するコミュニケーションを変えたことで、思いがけない効果が現れてきました。

少しずつ、少しずつ部下は会社に対する不満ではなく、会社をよくするためにできることを話し始めました。どんなことを話すとお客様との会話が弾むか、契約までもう一歩というお客様をどんなふうにフォローするとよいか、お客様のクレームにどうすれば迅速に対応することができるか——ミーティングはお互いを非難し合う場ではなく、成功体験を共有する場になっていきました。今では定例のミーティングに加えて、部下が自主的に週三回、サービス向上のためのミーティングを持つようにさえなりました。

驚いたのは、当の仲間氏でした。仲間氏は、後日こう語っていました。

「お金があったときは、賞与とかを払うことで部下のモラールを高めることができました。でも今はそのお金がありません。しばらくはお給料をアップさせることはできないと思います。そんな状況の中で、部下たちのやる気を高められるものがあるとしたら、それはお互いのつながりだと思うんです。僕と部下との、または部下同士の。そしてそのつながりは何よりもお互いの話に耳を傾けるという行為から生まれる。そのことが実感できたというのは、自分にとって非常に貴重な体験でした」

荒巻氏も仲間氏から同じ話を聞いていたようです。

「僕も仲間も『聞く』という姿勢をおぼえたことによって、人の力を借りることができるようになったんだと思います。きっとまだまだ社内には借りられる力が至るところに眠っているんでしょうね」

一人の改革が大勢の改革へと姿を変えつつありました。

POINT!

聞くというのは相手に尊敬の念を伝える行為である。
尊敬を受けた人は尊敬を返す。

要望を徹底的に聞くことでマネジャーを改革に巻き込む

前項の仲間が参加したリーダー向けコーチング研修の終了時に、アンケートが実施された。そこには、「今後の社内研修に関してご要望やご提案があればお書きください」という欄があった。すると、二〇人強の参加者のうち、約三分の一が「マネジャーにもこの研修を受けさせてほしい」とそこに書いたのだった。

自分の直属の上司であるマネジャーがコーチングを知って、自分たちのマネジメントにも活かしてくれたらどんなにいいだろう。切実な訴えがそのアンケートから伝わってきた。

リーダー向け研修後、二週間経って行われたコーチングセッションで、荒巻は鈴木に切り出した。

「この間のアンケートに書いてあった、リーダーたちの要望にぜひ答えてあげたいと思います。鈴木さん、今度はマネジャー層に対してコーチング研修を実施していただけませんか」

鈴木は答えた。

「リーダー層の方々は歳もまだ若いですし、仲間さんのみならず、長年停滞し空気の淀んでいた会社の中で、実は新しい刺激を求めていたという部分があったのかもしれません。一方マネジャー層はかなり年齢も高い。おいそれとは自分が培ってきたコミュニケーションを変えないでしょう。『何で今さら俺らに』と思うかもしれません。彼らのコミュニケーションに変化を与えるのは、そう簡単ではないと思いますよ」

一瞬間を置いて、そして声を低く下げ荒巻は言った。

「現場でのサポートは私がやります。少なくとも彼らにコーチングが何であるかを知ってもらえれば、コーチングという「視点」から日常的に彼らに指導や注意ができると思います。『もっと部下の意見を聞いてほしい』とか。『もっと部下を認めてやってほしい』とか。ぜひ研修を実施してください」

こうしてマネジャー向けのコーチング研修が行われることになった。

▼コーチの視点

研修当日、会場の一番後ろに、足を大きく広げて腕を組み、講師である私のほうに朝一番から睨みをきかせて座っているマネジャーが一人いました。胸につけた名札から、彼が滝川という名前であることがわかりました。名札は一人ひとりその場で書いてもらっていましたが、滝川氏は小さな名札用の紙に、太字のマジックを目一杯太く使い、殴りつけるような字で「滝川」と書いていました。

五〇歳を少し超えたくらいでしょうか、眉間には深い皺が刻まれ、口角をぐっと押し下げ、まじろぎもせずに私の顔を視線で追っていました。「俺はお前なんかの言いなりにはならない」——顔にそう書いてありました。

研修が半ばに差しかかり、ほかの参加者の表情がほぐれ始め、コーチングの実習を楽しそうにこなすようになってもなお、滝川氏は最初の姿勢を崩しませんでした。鎧を身につけた武将のように、どっかと座り、相変わらず鋭い眼光を前に投げつづけていました。

私は聞きました。

「滝川さん、ここまでで、どうですか？」

まさか、自分が当てられるとは思っていなかったのでしょう。一瞬、驚いたように目を見開きましたが、またすぐ元の睨むような視線に戻りました。

「長いよ。忙しいのに出てきてるんだよ。これ丸一日やるんでしょ。部下の話を聞けとか、認めろとか、そんなこと全部わかってるよ。もっと売上げに直接結びつくことをやってくれないと。俺たちに必要なのは漢方薬じゃなくて、もっと強い一発で効くような薬だよ」

それは滝川氏の挑戦状でした。

私自身の中の揺れを抑え、彼との最適な「やりとり」をつくり出すために、自分のミッションをわずかな間に確認する必要がありました。「彼に当事者意識を持たせる」――そう自分に強く言い聞かせ、口を開きました。

「滝川さん、どんなことがわかるといいですか？　滝川さんがどういう状況に置かれているのかよくわからずに研修を進めて申し訳ありませんでした。滝川さんが知りたいと思っていることをぜひ教えてください。それを活かしたいと思いますので」

私は軽く頭を下げながら、それでいて滝川氏の目をまっすぐに見据え、リクエストを出しました。不平、不満ではなく具体的な要望を口にしてもらうことで、滝川氏の中に当事者意識をつくり出そうとしたわけです。口をあけて待っていても何も手にできない、あなたが求めて初めて何かを手にできる、だから聞きたいのだと、私は伝えたかったのです。

滝川氏は予想外の答えに虚を突かれたような表情になりました。

「そのー、部下でさあ、いくらアドバイスしても、こっちの言うとおりにちっともやらないやつがいるんだよ。それで数字が上がればいいけどさ、ひどい成績なんだよ。こういうときはどうすればいいの？」

それからしばらく滝川氏と話をしました。現在の状況をもっと詳細に教えてもらい、過去に彼がどんなことをその部下に試してきたかを確認し、これからに向けてどんなことが試せるのか、自分もアイディアを提示し、彼にも意見を出してもらいました。周囲の人には一切目を配らず、滝川氏だけを見て、滝川氏だけに話しかけました。滝川氏が語る言葉のすべてを自分の体に染み入らせるように聞きました。

二〇分ぐらい経って、話が一区切りついたところで滝川氏に言いました。

「話せてよかったですよ、滝川さん」

「ああ、なんかすっきりしたよ」

◉変化を後押しする

研修が終わって二か月経った頃、セッションで荒巻氏が話してくれました。

「鈴木さんから聞いて滝川のことが気になっていたんで、研修の後、ちょこちょこ滝川の部署に行ってみたんですよ。何かフォローできることがあれば僕のほうからもしようと思って。彼はものすごく変わりましたね。それまで彼が部下の話を聞いているところなんて見たことなかったんですけど、最近はしょっちゅう小部屋に入って部下と二人で話し込んでいるんです。先日、営業本部主催のちょっとしたパーティーがあったんですけど、部屋をこまめに動いて、自分から部下に声をかけていました」

どうやらあの研修は滝川氏にとってターニングポイントになったようです。でも、それだけではありません。日頃から荒巻氏が、経営者として社員を大事にするという姿勢を全体に見せていることも、滝川氏が変わった大きな理由だという気がします。実際、トップのほうにそういう気概がない会社でいくら研修をやっても、その後あまり浸透しないという例は、これまでに何度も見てきました。

滝川氏は、「今までのやり方を少し脇に置いて、違うことをやってみよう」という誰かの後押しが、ほんのちょっとほしかっただけなのかもしれません。ただ、マネジャーとしての地位や経験が、意地を張らせていたのです。そういう人の心を開かせるには、プライドを傷つけないやり方を考えてみる必要があります。今回のように「要望を徹底的に聞く」というやり方は、その一つです。

おまけに、研修で体験した新しいコミュニケーションスタイルを、その後滝川氏自身も実践するようになったようです。

荒巻氏からは、こんな報告も聞きました。

「滝川の部下から聞いたんですけど、彼『何かリクエストがあったら俺に言ってほしい』ってよく部下に言ってるらしいんです」

POINT!

メンバーの不満の裏には要望がある。
不満を要望の形に変えることができれば
相手を建設的なコミュニケーションに巻き込むことができる。

キーマンとのコミュニケーションを変える

荒巻は、仲間リーダーと部下のやりとりや滝川マネジャーの変化を通して、スタッフに問いかけ、その意見に耳を傾けていく、いわばコーチング型のコミュニケーションの重要性を痛感した。そして、コーチングは自分や一部のリーダークラスだけが実践するのではなく、ありとあらゆる階層の人間が習得し行うべきだと思うようになった。

その頃、四人いる支店長の中で、部下に対して最もコーチングから遠いアプローチをしていたのが、梶山だった。

「全部自分で決めて部下に命令を下すだけ。でも誰もそのとおりには動かない。まったくの一人相撲」――伝え聞く梶山評は概ねそのようなものだった。

荒巻は実際に現場に赴き、梶山の部下に、梶山のことについて聞いた。

「あの人にはもうついていけません。あの人が今後も支店長として居続けるのであれば、私を異動させてください」

「どうしてキャンペーンの準備をしていないかですって？　私は聞いていませんから、その件について。支店長が一人でやっているんじゃないですか」

「表立って言う人はいないかもしれませんが、誰も支店長を信頼してませんよ」

荒巻は危機感を覚えた。このままではこの地域は取り返しがつかないほど、スタッフの気持ちがバラバラになってしまう。

そして彼は、仲間のケースで学んだように、まず相手に飛び込むこと、そこから始めようと思った。

「今週必ず梶山さんと話をします。ここで約束しないと、こういう対人関係の悩みは先延ばししてしまいますから」

セッションで荒巻は鈴木と約束した。

▼コーチの視点

荒巻氏としては、何としてもここで梶山氏を説得して、そのコミュニケーションのやり方を変えてほしいわけです。しかし、こちらのメリットのために相手を説得しようとすると、なかなかうまくいきません。このような場合は、その瞬間だけでもよいですから、「相手のために」自分は対話を起こすんだと思うとやりやすくなります。つまり「ミッション」を意識して話すのです。そうすれば、相手が何を言おうが、どんな反応をしようが迷うことはなくなります。「あんたをうまく活かすために話しているんだ」という気持ちさえ強く持っていれば、話し合いで負けることはありません。

荒巻氏の決意を聞いて、私はこう伝えました。

「全然人の話を聞く用意がない人に、話を聞くようにするのは簡単ではないと思います。お手軽な方法はないですね。とにかくあの手、この手考えられる手段はすべて投入する。ただ一つ忘れないでいただきたいのは、相手に対してミッションを意識することと、それを一つに絞ることです。例えば『新しいコミュニケーションを学んでもらうことで支店長を楽にしてあげる』とか。そのミッションから相手の聞く耳をつくるためのすべてのコミュニケーションは生まれます。今の荒巻さんならきっとやれると思います」

荒巻氏はその週、早速梶山氏に会いに行きました。自分より二五歳も上で、威圧感のある眼でじっとこちらを睨むように見つめる梶山氏を前に、思わず身がすくむのを荒巻氏は感じました。しかし、前置きをせずにストレートに荒巻氏は切り出しました。

「梶山さん、梶山さんのやり方では業績を伸ばすことは難しいと思います。もっとみんなの意見を、話を聞いてください。今の梶山さんにはものが言いづらいと思います」

梶山氏の顔がこわばりました。予想外の言葉に動揺しているのは明らかでした。それでも梶山氏は、部下にはやる気がない、覇気がない、自分が考えないと彼らは何もやらない……等々、自分を擁護するための言葉を並べました。

荒巻氏はじっと梶山氏の言葉に耳を傾けていました。すべてを聞いた後、もう一度梶山氏の眼をしっかりと見て伝えました。

「梶山さん、梶山さんが誰よりもこの地域のことについて考えているのはよくわかっています。そのことは知っています。でも今の梶山さんのやり方では部下は動きません。部下を動かすには、彼らを意思決定に参加させる必要があると思います」

その日以来三か月に渡って、荒巻氏は毎週梶山氏のもとに足を運びました。そしてただじっくりと梶山氏の言うことに耳を傾けました。「聞かれる」ということの価値を、身を持って体験してもらおうと思ったわけです。

◉自発性を引き出す

徐々に徐々に、梶山氏はスタッフの声にも耳を傾け始めました。一方的な伝達で終わっていたミーティングは、スタッフの考えを聞く場へと変わっていきました。梶山氏が来ると、さり気なく席を外していた部下が、自分から話をしに行くようになりました。

「支店長、昨日雑誌で読んだんですけど……」

「業界関係者の集まりで小耳に挟んだんですが……」

販促活動につながるようなちょっとした情報を、部下が教えてくれるようになったのです。

さらに、営業とは直接関係のない経理部門のスタッフまでが、どうすればお客様を呼べるか提案するようになりました。顧客の中で、しばらく足が遠のいているのが誰であるかを一番きめ細かく把握しているのは、入金を管理する経理スタッフです。その経理スタッフが自発的に手紙を書き、「このようなキャンペーンを行っていますからぜひ来てください」とお客様にお願いし始めたのです。経理だけではありません。パートのスタッフまでも、季節の変わり目ごとにお客様に手紙を出して来店を促してはどうかとアイディアを出してくれました。

こうした変化に何よりも梶山氏本人が驚きました。

荒巻氏が梶山氏に話を聞いてほしいと伝えてから一〇か月目、その地域では前年対比一三〇％の売上げを記録しました。販促企画が功を奏したのが大きな理由でした。その販促企画は、一年前に梶山氏が陣頭指揮を取ってやらせたものと、内容的には同じものでした。唯一違っていたのは、今回は現場の人間からそれをやろうと声があがったということです。

後日、梶山氏は荒巻氏にこう言ったそうです。

「振り返れば、一年前は自分だけでした。ひとりよがりでした。最近チームでやることの楽しさが少しずつわかってきた気がします」

POINT!

一番気になっている人のところに
ためらわずに足を運ぶことができるか。
リーダーに躊躇は許されない。

全員が主役と感じられるようなマネジメントを心がける

荒巻が「社員に元気と勇気を与える」というミッションを遂行したのは、決して一般社員に対してだけではなかった。一五〇人近くいる契約社員やパートの女性に対してもそのスタンスは貫き通された。

この数年間、非正社員の女性は大変つらい境遇に置かれていた。売上げ、利益が下降の一途を辿る中、それまで仲間としてやってきた彼女たちに対して声高にリストラを要求するような者もいた。「これだけ会社が大変なときにあなたたちを雇っている余裕なんかないんだ」と。

また、会社全体の雰囲気が悪くなるにつれ、それまで彼女たちの労に対してかけられていたねぎらいの言葉も、ほとんど聞かれないようになっていた。「そんなことはやって当然だろう」という冷たい空気が流れていた。

そうした状況の中、会社を離れていく女性も何人かいた。

しかしほとんどの女性は、職場を辞めて、あるかどうかわからない新しい「働き口」を探すくらいならと、モチベーションが下がったまま日々を漫然と送っていた。

▼コーチの視点

これは、ある大学のラグビー部の監督から聞いた話です。

そのラグビー部には八〇人近い部員がいて、どんなにがんばっても、瞬発力、持久力、腕力等を考えると絶対に試合には出られない部員が二〇人ぐらいいるそうです。絶対に出る見込みのない学生であれば、いなくてもいいのでは、と思ってしまいがちですが、そうではないらしいのです。この二〇人がいかに残りの六〇人を応援できるかで、六〇人のパフォーマンスが変わるのだそうです。だからその監督は、この二〇人をとても大切にしています。

大学時代、ラグビーをやっていた荒巻氏にこのエピソードを話した後、こう言いました。

「単純に契約社員やパートの方がこの二〇人に相当するという意味ではありませんが、チームの中に適当に扱っていい人なんて誰もいないということはよくわかりますよね。いろいろな会社を見ていますけど、正社員以外の方が元気な会社は、やはり業績もいいですよ」

既に非正社員の女性を力づけるような行動を日々起こしていた荒巻氏は、我が意を得たりというように大きく電話の向こうであいづちを打っていました。

「荒巻さん、彼女たちをもっと積極的に荒巻さんの『味方』に引き入れるためには、どんなことができますかね？」

私はさらに聞いてみました。しばらく考えた後、荒巻氏は答えました。

「オフサイトミーティングを開いてみようと思います。前から考えてはいたんですが、さっきの鈴木さんの話を聞いて気持ちが固まりました。正社員ではないがために普段言えないこと、聞けないことがたくさんあると思うんですね。だからリラックスしていろいろなことを話せる場を、彼女たちのために設けてあげたいと思います」

●真摯に答える

荒巻氏はすぐさま行動を起こしました。就業時間後に希望者を会議室に集めて、オフサイトミーティングをスタートさせたのです。ある支店で開かれた最初のミーティングには、二〇人の非正社員の女性が集まってくれました。

荒巻氏が口火を切りました。

「これまで会社はみなさんに、あまり経営に関する情報を提供してきませんでした。おそらくみなさんは不安だったことと思います。会社でいったい何が起こっているのか、誰も教えてくれないわけですから。たとえ正社員ではないとしても、みなさんの家庭の収入の一部は、確かにこの会社との関係で生まれているのに、一方的にみなさんに力を貸していただくばかりで、その結果として何が起こっているのかを伝えてきませんでした。これは是正しなければいけないと考えています。もちろん伝えられない情報も中にはありますが、みなさんが知りたいと思うことには極力お答えしていきたいと思います。どなたからでも結構です。どんな質問でも結構です。あればぜひ言ってください」

まじろぎもせずに全員が荒巻氏の顔を見ていました。しかし、誰も質問する女性はいません。ばつの悪い空気が流れました。荒巻氏は待ちました。誰かを当ててしまうのは簡単でした。しかしそれでは意味がありません。やらせる人、やらされる人という関係はつくりたくない、どんな質問でもいいから、自分たちのほうから言ってほしい――荒巻氏は祈るような気持ちで全体をゆっくり見回していきました。

一五秒ほどが経ちました。荒巻氏にはとてつもなく長い時間に感じられました。

三〇秒が経ちました。それでも誰も手を挙げません。

やはり彼女たちに発言を求めるのは無理なのだろうかと、荒巻氏が半ば諦めかけたときでした。ついに前列に座っていた女性の一人が手を挙げました。

「銀行は支援についてどう考えているんですか？」

少し緊張した、少し挑みかかるような、そんな声でした。

荒巻氏はその彼女に伝えられる情報のすべてを使って、丁寧な説明をしました。彼女の反応を確認しながら、先に行き過ぎないように、遅れないように、彼女の理解のスピードに合わせながら回答することに努めました。

荒巻氏の言っていることは嘘ではない、社長は本当に自分たちの問いに真摯に答えようとしているというのが、徐々に彼女たちに伝わり始めました。口の重かった女性たちが一人、また一人と口を開き質問を荒巻氏に投げかけました。

「売上げはどのくらいですか？」「前に出した提案が戻ってこないのはどうしてでしょう」

「三年後はどうなっているのか不安なのですが……」。

荒巻氏はそうした質問に、丁寧に丁寧に答えを与えていきました。

◉みんなが主役

四支店すべてでのオフサイトミーティングが終わったあと、荒巻氏はセッションで報告してくれました。

「オフサイトミーティングは本当に開いてよかったと思います。ある支店ではオフサイトミーティングのあと、簡単な慰労会も行ったんですね。ウーロン茶で乾杯して。全員の女性にウーロン茶をついで回りました。何人もの女性が、『会社のことがわかるようになってきました。ありがとうございます』って言ってくれて。握手までしました」

また、このミーティングを単なる交流会に終わらせないために、二つの支店ではそのあと、非正社員の女性たちがいつでも質問や提案をすることができるように、情報カードと呼ばれる記入用紙を常時設置するようにしました。

荒巻氏はうれしそうに言います。

「結構たくさん書いてくれるんですよ。こんな所が壊れていましたとか、もっとお客様にこういうサービスをしたらいいんじゃないですかとか。出された提案はすぐに実行に移すのか、移さないのか、決めて現場に戻すようにしています。彼女たちもとても大事な経営リソースなんですよね」

世の中に脇役なんていません。その人の立場に立ってみれば、みんながみんな主役なのです。私が見てきた多くの成功しているリーダーは、アルバイトや契約社員にいたるまで、みんなが主役と感じられるようなマネジメントをしています。逆に悪いリーダーは、自分が主役になるために周りをどう使えるかばかりを考えてしまっています。そういうリーダーの下では、情報カードのような制度を設けても、誰も利用しません。メンバーが「こういう提案をしたらどう思われるだろう」と漠然と不安を感じているからです。

荒巻氏は前者のリーダー像に近づく努力をしています。一人ひとりが主役になる会社にするために。

POINT!

「脇役意識」を持った人をつくらない。
全員が主役であると思えるようにリーダーは働きかける。

4章

抵抗勢力との闘い

4章の流れ

荒巻が社員に対して行った一連の行為は、いつしか会社全体の空気を変えていた。

上からの指示を待つのではなく、自ら考えて動く。何もせずに文句だけを言うのではなく、自分からアイディアを投げかける。そういう積極的な姿勢が社員に広がるにつれ、会社の業績自体も上向きだした。

荒巻が社長になって一年半経った頃には、売上げ、営業利益、客単価、ありとあらゆる月ごとの指標が前年を上回り始めた。しかし、同時に、そうした新しい会社のカルチャーにおいそれとは同意できない人たち――変化を恐れ、会社を何とか昔の姿に戻し、自分のコントロールを維持していきたいと考える、いわゆる「抵抗勢力」が現れた。

荒巻へのコーチングがスタートして、一年を経過したあたりからの一年間は、ほぼ毎セッション、こうした抵抗勢力をいかに扱っていくかということに時間が割かれた。一週間に一回三〇分として、五二週、五二回。丸々二六時間、そのことをテーマに話したことになる。

荒巻は、最初の一年間はとにかくがむしゃらに走るだけでやってきた。しかし、次の一年はさまざまな抵抗勢力と対峙《たいじ》しなければならず、まさにリーダーとしての、改革者としての真価が問われることになった。

仕事をしていても、休みの日に家にいるときでも、抵抗を続ける人間たちの顔が、声が、身振り手振りが荒巻の脳裏に浮かんだ。

だが、一度自分が踏み出した改革を曲げるわけにはいかなかった。

明るくなった社内の雰囲気、大きな声であいさつを返してくれるようになった現場の社員、部下の活躍を自分のことのようにうれしそうに語る支店長……自分だけが楽なほうに逃げるわけにはいかなかったのだ。

社内政治を起こさずに一対一で向かい合う

荒巻康一郎が病に倒れたとき、息子である荒巻丈一を会社に呼ぶことをメインバンクに最初に提案したのは成田常務だった。

入社当時、右も左もわからず、ほとんどの社員が敵のように見えていた荒巻にとって、自分を呼んでくれた成田常務は一番信頼できる存在であった。古くから康一郎に仕えていた成田常務のことを荒巻は子供の頃から知っていて、遊んでもらったこともあった。当然、入社当時わからないことや自分一人で決められないことがあれば、荒巻は真っ先に成田常務のところに行き相談を持ちかけた。

ところが、この成田こそが最も大きな抵抗勢力であると荒巻が気づき始めたのは、社長になって約一〇か月ほど経った頃だった。それまでの信頼を一気に掻き消してしまうような事件が起きた。

こともあろうに、成田は会社を売却しようと、誰にも相談せず、水面下で暗躍していたのだった。日々、「社長にどこまでもついていきますから」「社長ならきっとこの改革を成し遂げられます」「社長に来ていただいて本当によかったです」と荒巻に言っておきながら、その実、裏で会社を売りに図っていた。

初めて経験する、人の表と裏に荒巻は困惑した。その話を別の役員から聞かされたときには、一瞬何が起きているのかすらまったく理解できないほどだった。

▼コーチの視点

改革に抵抗する人間は必ずいます。それが自分の身近なところにいたとしたら、あなたはどうするでしょうか。

成田常務に対してどう対処すればいいのか、苦悩する荒巻氏に対して私は言いました。

「荒巻さん、こういうときに大事なのは政治を使わないことです。成田常務に対抗するために、荒巻さんが誰かを自分の側に引き入れる。となると当然、成田常務も誰かを味方につける。まあ、既に誰かと共謀しているかもしれませんけれど。そうすると話は表に出ず、どんどん裏で裏で語られるようになっていきます。社内政治ですね。社内政治が起これば一気に会社のポテンシャルは下がります。ここまで荒巻さんが懸命に社員のモチベーションを高めようと、現場に出て、顔を見せてきた労苦が水の泡となってしまいます。正面突破あるのみです。どんなに嫌なことも面と向かって話す。こういうときは、それしかないと思います。絶対に逃げちゃだめです。断言します」

その後、荒巻氏がどういう行動を起こしたのか、順を追って見ていきましょう。

荒巻氏は成田常務とレストランで会うことにしました。いったいどういうつもりで会社を売却しようとしているのか、とにかく理由を話してほしい、そう荒巻氏は切り出しました。

荒巻氏が会社売却の件を知っているとは思っていなかった成田常務は、一瞬凍りついたような顔になりましたが、すぐにいつもの饒舌《じょうぜつ》さを取り戻し、とうとうと会社売却に対する自分の考えを語り始めました。

社長ががんばっているのはよくわかっている。しかし、今のままではいずれ船は沈没してしまう。そうなる前に、自分は何とか会社が助かる方法がないかと逃げ道を模索している。社長に内緒でこのような話を進めていたのは大変申しわけないと思うが、社長に余計な心配をさせたくなかった。何よりも社長のことを守りたかった……成田常務は身振り手振りを交え、時には声を荒げて、自分がいかに会社のことを思っているかを伝えました。最後は眼にうっすら涙さえ浮かべ、荒巻氏の手を取り、「軽率に行動してしまい、申しわけありませんでした。売却の話は忘れてください。これからは改めて初心に戻って、社長の改革を支援いたしますので」とまで言ったのです。

荒巻氏はそのときは成田常務の言葉を信じました。これで成田常務もまた改革支援に力を入れてくれる、荒巻氏はそう確信しました。しかしその信頼はわずか半年で裏切られることになりました。

成田常務が相変わらず売却交渉を水面下で画策していることがわかったのです。実は二度目の発覚直前から、不審な行動はいくつか目についていました。会社の資産であるビルの売却を成田常務に一任したのに、テナントへの立ち退き交渉を一向に進めないのです。土地の売却を依頼しても、途中でうやむやにしてしまい、いつまで経っても話が決まりません。

こうした一連の事件を通して、荒巻氏はだんだんと理解していきました。成田常務は結局自分をコントロールしたかったのだ、ということを。長年社長に仕えてきた成田常務が、その息子を迎え入れ、影響力を持つことによって、会社を自分の意のままに動かそうと考えたということです。

ところが、荒巻氏は「意志」を持ってしまいました。自分で考え、自分で決め、自分で行動を起こすという意志を。それを覆すには、会社売却という手段に訴えることによって、起死回生のウルトラCを起こす以外、成田常務には方法がなかったわけです。

◉安易な妥協に逃げない

荒巻氏は自分の席に成田常務を呼びました。そして前置きなくいきなり切り出しました。

「成田さん、申しわけありませんが、会社を辞めてください」

「ちょ、ちょっと待ってください」

言い訳をしようと口を開きかけた成田常務に間髪を入れず伝えました。

「わかっているはずです。成田さんには辞めていただきます」

それは荒巻氏が初めて行う社員への辞職勧告でした。その言葉を伝えるべきか、それとも他の対策を取るべきか、荒巻氏は二週間悩みました。食事も喉を通らないほど、悩んで悩んで悩みました。最終的には、「何が会社にとって最善の行為か」――それだけを考えて伝えました。これは、誰も仲間に引き入れず、自分一人で考えて出した結論でした。

「逃げない」。荒巻氏はくり返しくり返し自分の中で唱え、その日を迎えたのです。
するとと成田は一言「そうですか」と言って席を立ちました。取り乱すのではないかという荒巻氏の予想はまったく外れました。最初に言い訳をしようとした以外は、あまりにも平然としたふるまいに荒巻氏は拍子抜けしました。

ところが、それから一か月後、成田氏は裁判を起こしました。今回は不当な解雇であり、精神的に受けたダメージは相当である、よって会社は通常の退職金にさらに一定額を上乗せするべきだと訴えてきたのです。荒巻氏は生まれて初めて証人台に立ちました。今や無職になり、思いのほか痩せて頬のこけた成田氏を見ながら証言するのは、複雑な思いがしました。子供の頃にキャッチボールをして遊んでくれたり、わざわざ自分がいる都市銀行に出向いて誘ってくれたときのことが頭をよぎりました。

しかし、こうした場で言ったことは、最終的には社員に伝わるだろう。安易な妥協は社員のモラールを下げることにつながる。自分には、今眼の前にいる成田氏ではなく、社員全員の生活を守る必要がある。安易な妥協は絶対に許されない――そう考えて荒巻氏は証言しました。

裁判の結果は和解となったものの、その内容は会社側の主張が大きく認められていました。

裁判を終えた後のセッションで荒巻氏が言いました。

「今回はかなりつらかったです。人に面と向かってものを伝えるのは本当に勇気を必要としますね。向かい合う前は、つい何も言わずに済ませようかな、と思ってしまいました。でも、今回何度もその岐路に立ったことで、少し自分の中に人に伝える力が養われた気がしています」

抵抗勢力に対しても、逃げないで相手に直球で伝える、という一貫した姿勢で臨んだことで、荒巻氏の中に自信が生まれました。

POINT!

どんなに言いにくいことでも言葉にして、面と向かって相手に伝える。向かい合うことから決して逃げない。

抵抗勢力であっても話はすべて聞き最終決断は自分が行なう

荒巻が社長になって半年経った頃、メインバンクから大迫という五〇代前半の男が経営企画室に出向してきた。

大迫は銀行の支店長も経験しており、冷徹な分析で次から次へと、会社の建て直しに向けて戦略を打ち出した。どの戦略も明確な数字分析の上に成り立っていて、まったく非の打ち所のないものだった。

荒巻は当初、これまで自社にいなかった切れ者がメインバンクから派遣されてきたと喜んでいた。それが大迫が入って半年経った頃から、雲行きが怪しくなってきた。

確かに大迫のアイディアは素晴らしいものも多かった。だが、誰も彼のアイディアを実行に移そうとしない。その原因は、支店長会議で一方的にこれをしろ、あれをしろと言ってしまう大迫の態度にあった。

支店長が現場で見聞きした情報を基に大迫のアイディアに反論を投げかけても、大迫は一切取り合わなかった。

「現場での一体験を基に、主観的にものを言われても困るんですよ。こちらはさまざまな数値を検討したうえで案をまとめているんですから」

そして最後に必ず大迫は怒声にも近い声で言い放つのだった。

「ちゃんとやってくださいね！　失敗すればあなたたちの責任ですから！」

先代の時代であればそれでも事は進んだかもしれない。しかし最近、荒巻が現場で支店長の話を聞くやり方が浸透しており、いきなり横からあれやれこれやれ言われても、彼らは聞く耳をもたない。しかも大迫は、利益が上がり始めて、少しずつみんなが自信を取り戻しつつあるときだというのに、売上げは伸びていない、借入れの額は減っていないとマイナス面ばかり強調する。そうなると支店長の気持ちはますます離れていった。

荒巻は大迫にそのことを直接伝えてみたが、一向にやり方を変えようとする気配がない。大迫は、次第に悩みの種になりつつあった。荒巻は、鈴木にこぼした。

「たぶん、あれは銀行時代から染みついているやり方なんですね。しかし、ようやく現場の自主性が出始めているところなのに、このままいくと、またやらせる人、やらされる人に二極化していってしまうのではと心配しています」

▼コーチの視点

「大迫さんとはどんな関係を保っていきたいですか?」私は尋ねました。

「銀行からの出向者なので、無下《むげ》には扱えません。自社の社員ならほかの対処の仕方もあるんですが」

「もう少し考えてみてください。大迫さんとどういう関係でいたいのかを。そこが荒巻さんの中であいまいになっている分、対応はぶれます。一貫してこう対応するというのが決まっていれば、大迫さんが何と言ってきてもど～んと来いですから」

荒巻氏とは、この大迫氏とのことで、一〇回近いセッションをこなしました。

ある人を「扱えない」ということは、その人とどう対応するかを自分が決めきれないということです。そして扱いにくい人に対して対応方法を一つに決めてしまうというのは、なかなか難しいことです。荒巻氏も、毎回考えてはセッションに持ち込み、ディスカッションし、現場で実践し、うまくいかなくて、というよりは決めきれていないためにぶれて、相手に影響されて、またセッションに帰ってきて……というのが、三か月近くつづきました。

◉抵抗勢力から影響を受けない

最終的には荒巻氏は大迫氏に対して一つのスタンスを固めました。

それは「話は全部聞くが、最後は自分が決める」というものです。彼の戦略、アイディアはすべて真剣に聞く、よいところはきちんと認める、というふうに。大迫氏の場合、実際参考になる部分もたくさんあるわけですから。ただ、それを使うか使わないかはすべて荒巻氏が決めることにしたのです。直接支店長に話をすることも認めませんでした。

もちろん大迫氏は抵抗しました。ほんのちょっとでも売上げが前年を割った月は、それ見たことかと言わんばかりに経営陣を批判し、そして持論を展開しました。

しかし、もう荒巻氏がそれによって影響を受けることはありませんでした。

全部聞く、しかし結論は自分が出す。このスタンスを取ると決めたことにより、どんなときでも余裕を持って大迫氏と向かい合えるようになりました。

一連の大迫氏問題が荒巻氏の中でそのウェートを落としたときに、彼は言いました。

「彼の影響力を最小限に留められたのは大きかったです。実行には移しませんでしたけど、彼の話はちゃんと聞いていましたから、それほど大きな抵抗は生まれなかったんだと思います。もちろん彼は終始おもしろくなさそうな顔をしていましたけど。一〇のうち一ぐらいは彼の意見を採用していましたしね。でも、あの人に出会ったのは自分にとって大きな利益でしたね。いくら言っていることが正しくても、決して人は動かないというのが本当によくわかったので。いい反面教師になりました。どうすれば人心を把握することができるのか、また一つクリアになった気がしています」

荒巻氏はいつのまにか、あれほど頭を悩ませていた大迫氏に対し、余裕を持って接することができるようになっていました

POINT!

すべての意見に耳を傾け、そして最後は自分で決める。
それがリーダー。

たとえ父親に対してでも同じ方針を貫く

会社が変わろうとするときには、何とか自分のポジションを守ろうと、さまざまな抵抗を企てる動きが起こる。

成田常務の謀反は、幸いほとんどの部分が個人プレーであったため、成田本人と向かい合い、動きを止めることによって、問題は解決した。しかし、抵抗を企てる人間が、自分の側に味方を引き入れようとする場合、事はもう少し複雑になる。「政治」に打ち勝つ必要があるからだ。

荒巻は予想もしなかった人物から政治を引き起こされることになった。

予想もしなかった人物とは、彼の父、荒巻康一郎であった。病の床に伏した康一郎は、初め一生寝たきりの生活を余儀なくされるだろうと、医者から宣告を受けた。ところが、彼は奇跡的な復活を遂げ、半身は麻痺したままであるものの、車椅子を操り、会社に出向くことができるようになるまでに回復した。

一度はすべてを息子に任せようと決意した康一郎だったが、自分の身を再びコントロールできるようになるにつれ、会社の経営に口を挟まずにはいられなくなった。しかし、康一郎がそこまで回復したのは、荒巻が社長になって一年ほど経った頃で、もはや荒巻は右も左もわからない二代目ではなく、自分の意志を持ち、自分で判断を下せるリーダーへと、まさに成長を遂げつつある時期だった。社員もだんだんと荒巻をリーダーとして認識し始めていた。

そのため康一郎は、正面きって荒巻の判断に反対意見を投げかけるのではなく、「裏で」自分の意見を通そうとした。

「政治」を起こそうとしたのである。

かつて自分が懇意にしていた役員に、秘密裏に新規事業の調査を依頼したり、支店長に直接電話をかけ、販促キャンペーンを指示したり……。そうした動きは、「荒巻商店」から「企業」への脱皮を図ろうとする荒巻の苦労に水をかけるものだった。

▼コーチの視点

康一郎氏は、いったん荒巻氏の方針に同意を与えておきながら、裏で方針に反する行動を起こしました。不平不満、反論があるときに、その場では内にしまい込み、別の場で発露を求める。これはまさに政治です。政治は絶対に小さな芽のうちに刈り取る必要があります。

社内政治は会社のポテンシャルをそぎ落とすので許すわけにはいかない、という私の考えは前にも述べましたが、荒巻氏も自身の経験から、そのことは痛いほど認識していました。

最初はある程度そうした父の動きを静観していた、というより、どのように対応したらよいのかがわからなかった荒巻氏ですが、康一郎氏が人事問題にまで裏で糸を引こうとするに至り、行動を起こす決意を固めました。

前述したとおり、荒巻氏は役員の六〇歳定年制を断行しました。五九人いた役員を単純に六〇歳のラインで切り、その数を減らし、意思決定をスムーズにしようとしたのです。退職金等での優遇措置はありますが、ある日急に既得権のある人からその権利を剥奪するわけです。抵抗が起きないはずがありません。中には「俺は辞めない」とがんと言い張る役員もいました。

荒巻氏に抵抗を企てる役員に対して、康一郎氏は荒巻氏に内緒で電話をかけていました。「お前だけは残ってくれ。大丈夫だ、俺がなんとかするから」と。

父のそうした裏での動きを初めて耳にしたとき、荒巻氏は全身が怒りで震えあがりました。怒りで体が震えるという経験を、人生で初めて味わったと言います。

「父が裏で役員に工作していると聞いたときは、本当に体が震えました。周りに人がいなければ壁を殴り破っていたかもしれません。誰のせいでこんなことになったと思っているんだ。誰のために自分はキャリアを投げうってこの仕事をやっていると思っているんだ。次々と父に対する憤りの言葉が頭に浮かんできました。お前にまかせるとか言ってても、結局信頼していないんですよ」

「どうしますか？」

「本当は顔も見たくないんですが、父に面と向かって言おうと思います。そういうことはしないでほしいと。それしかないですよね」

「そうですね、それはもちろん必要ですね。今回お父さんは明らかに『社内政治』を起こしたわけですから。きついかもしれませんが、お父さんだけでなく、お父さんが電話をした役員も呼んで、二人いっしょのところで荒巻さんから話をするのがいいと思います。政治は使わせない、言いたいことがあれば公の場で正々堂々と話してほしいというメッセージが伝わりますから」

康一郎氏と役員に会うことになっていたその日、荒巻氏は朝から食事が喉を通りませんでした。

父康一郎に対して反目を唱えるのは初めてのことでした。しかもおそらく自分のことを追い落としたいくらいに思っている役員も同席しているのです。口を開いたときに、どのような感情が自分を襲うのか、まったく予想がつきませんでした。

ひょっとしたら訳がわからなくなって、取り乱してしまうかもしれない、そう思うと、「逃げたい」――そんな言葉さえ頭をかすめました。

会社に着いてからも荒巻氏は幾度となく、その日、自分が言おうと思っていることを頭の中でシミュレーションしました。約束の時間が迫るにつれ、呼吸が浅くなってくるのが感じられました。

「ここで何としてもケジメをつけなければならない。それが会社のためだ」。荒巻氏はそうくり返しくり返し自分に言い聞かせました。

◉社内政治は断固として認めない

荒巻氏はその日の午後一番で、会議室にて康一郎氏と役員に相対しました。

「おう丈一。どうした、改まって」

「会長と私に何か経営についてのアドバイスでも仰ごうというんじゃないですか」

この康一郎氏と役員の一言で、それまで緊張で上ずっていた荒巻氏の気持ちはすーっと平常の状態に戻りました。そして怖いくらいに冷静さを取り戻すのが自分でわかったそうです。

「お父さんが彼に電話をして、辞めなくてもいいと言ったと聞きました。一度全体で決めたことなんだから、守らないのはまずいですね。彼には退職してもらいます。例外は認めませんから」

康一郎氏は一瞬、何が起こったのかわからないようでした。まさか息子が自分にここまでストレートなもの言いをするとは思ってもみなかったのでしょう。会社を継いだとはいえ、康一郎氏にとって荒巻丈一はまだまだ自分の足元にも及ばない、ひよっこだったはずです。それが突然、目の前の息子の迫力に圧倒されてしまったのです。役員も同じことで、荒巻氏の言葉に金縛りにでもあったかのようでした。

康一郎氏も役員も、一言も言葉を返せませんでした。ただ沈黙が会議室に流れました。一分、二分、五分経過しても誰も何も話しませんでした。康一郎氏と役員は目を下に落としたままです。

一〇分後、康一郎氏が車椅子をドアのほうに向けました。そして黙って会議室を出て行きました。役員もその後を追うようにその場を離れました。

後のセッションで荒巻氏が話してくれました。

「あの日以来、父は一切僕の邪魔をするようなことはなくなりました。会社にもあまり姿を見せなくなりましたね。息子に言われて悔しいというのもあったと思うんですが、反面、まっすぐにものを言ってきた息子にどこか信頼できるものを感じてくれたのかもしれません。今思えば、あのとき父は寂しかったのではないでしょうか。自分が築きあげたものが、ガラガラと崩れていくのを目の当たりにしていたわけですから。懇意にしていた人を残そうとすることによって、どこか気持ちのバランスを保とうとしたのかもしれません」
「でも……」と、荒巻氏は続けました。
「政治を見過ごすわけにはいきませんから。本当にあのとき、二人を前にして言い切ってよかったと思っています。何よりも自分にとってものすごく大きな自信になりました」

POINT!

誰からも逃げない。伝えるべきことは伝える。相手がたとえ創業者である父親であっても。

自分に非があればきちんと認めまっすぐに謝罪する

コーチングを始めた翌年、荒巻は再建計画の第二弾を打ち出した。本社機能をスリム化し機動性を高めることと、営業部門に対する評価制度の改定が計画の中心だった。

本社機能のスリム化によって、十数人の社員の異動が決まった。中には通勤時間が五分から二時間半に増える社員もいた。また営業部門の評価制度は、それまでの年功序列型のものから、かなり成果主義の考え方を取り入れたものへと変貌し、やってもやらなくても給与は大差なし、ではなく、やったものに多くのお金が支払われるようになった。

荒巻はこの再建計画を社員に伝えるために、本社と四支店で計五回、発表の場を設けた。一年間現場に出つづけ、社員に声をかけつづけた荒巻には自信があった。今回の再建計画は、前回ほどではないにしろ、やはり多くの社員に精神的なストレスを与えるだろう。しかし、これが再建に向けての大きなステップであることを社員はきっと理解してくれる、そう荒巻は思っていた。ところがそう簡単に事態は進行しなかった。

本社と一つの支店での発表会を無事に終え、この調子で残り三つの支店での発表もスムーズに行くかと思われたが、二つ目の支店での発表会は、最初からどこか雰囲気がおかしかった。荒巻が会議室に姿を現すと、集まった八〇人近くの社員は誰一人言葉を発することなく、じっと荒巻のほうを見た。獲物を待ち構えるような張り詰めた雰囲気に、荒巻は飲まれた。

噴き出す汗をハンカチでぬぐいながら、荒巻は詰まったような声で話し始めた。前置きを終え、本題に入ろうとしたそのとき、一人の社員が唐突に立ちあがり、声をあげた。

「説明の前にあんた謝ったらどうだ！　これだけお客さんの入りがあるのに、どうして給与をカットされなきゃいけないんだ！　成果を上げたら給料が増えるっていうのも、結局人件費を減らしたいだけなんだろ！　社長が使い込んでるんじゃないのか！」

「そうだ！　謝れ！」

最初の社員に呼応するかのように、周りの社員が騒ぎ始めた。味方につけたと思っていた社員が、突然、敵対心を丸出しにして荒巻に挑みかかってきたのだ。荒巻はコントロールを失った怖さで頬が引きつるのを懸命に抑えようとした。すぐに行動を起こさなければならない。ここまで築きあげてきたものが一気に瓦解してしまいそうだった。

荒巻は側にいた支店長に会社の業績数値をまとめた表をコピーして、全員に配るように指示した。三分程度でその場にいた社員全員にこの五年間の業績を示した紙が手渡された。荒巻は一度深呼吸し、そして社員一人ひとりをまっすぐに見つめて話し始めた。

「これまでみなさんに対して嫌な思いをさせたとしたら、それについては謝ります。本当にすみませんでした。今配った資料を見ていただければわかるように、売上げは年々下降の一途を辿っています。お客さんの数はそれほど減っていなくても、客単価は確実に減っています。また会社を維持存続させるために、相当の借金を返済していることもおわかりいただけると思います。こうした資料をこれまでみなさんに公開しないできたのは、何よりもみなさんを不安にさせたくなかったからです。でもそれはかえって不安を招くと思い、明らかにすることにしました」

まだ社員の目に猜疑心《さいぎしん》が残っているのを感じながら、荒巻は一気につづけた。

「すべてを知ってもらって、もう一度みんなでいっしょにやっていきたい、そう考えています。もちろんこうした借金ができたのは経営サイドのミスですし、それに対しては重く責任を感じています。いち早く会社を建て直し、利益を上げ、みなさんのお給料が上がるように全力を尽くしたいと思っています。ただ、今はどうしてもみなさんの協力が必要です。私一人だけではどうすることもできません。社長に就任して一年、とにかくあらん限りの力を使って、ここまで進んできたつもりです。それでもやはり一人ではできません。みなさんお願いいします。私に協力してください」

荒巻はそこで言葉を止めた。というよりもそれ以上言えることはもうなかった。

荒巻はしーんと静まり返った会場で、もう一度社員一人ひとりを見ていった。何とか自分の気持ちをわかってほしい。理解してほしい。その一心で眼を見つめた。

そのとき、一人の四〇代半ばの女性が声をあげた。大学卒業とともにこの会社に入り、二〇年以上営業一筋でやってきた女性である。

「会社はこれからよくなっていくんだから。自分たちがやらなければしょうがないんじゃないの」

その声をきっかけにあちらこちらで声があがった。

「そうだよ。俺たちがやらなくてどうするんだよ」

荒巻はこみあげるものを抑えるのに精一杯で、こう言うのがやっとだった。

「ありがとうございます」

▼コーチの視点

この説明会の二日後にコーチングのセッションがありました。

荒巻氏によると、二つ目の支店で社員が糾弾の声をあげたのは、役員定年制で顧問に退かされたことを快く思っていない元役員が仕組んだものであったということでした。

「本当に参りました、あのときは。肝を冷やすというのはあのことですね。でも不思議と、最初の社員の意見を聞いている間に、気持ちが静まったんです。もう逃げも隠れもしない。すべてをオープンにし、理解を求めるんだと」

そしてこう続けました。

「でもあの後振り返ってみて、ちょっと不安にもなるんです。本当にあんなに簡単に謝ってしまってよかったんだろうかと。経営者として正しい選択だったんだろうかと」

私は間髪いれずに荒巻氏に伝えました。それがいかに正しい選択であったかを。そして次のような話をしました。

ある心理学者が古今東西の優秀なリーダーを片っ端から調べて、優秀なリーダーに共通する行動特性を調べました。全部で五つの項目を抽出したのですが、その中に、『優秀なリーダーは例外なく弱みを見せている』というのがあります。つまり完璧なリーダーには誰もついてこないのです。非があればきちんと認め、それを克服することをオープンにできる者こそが真のリーダーになれます。荒巻氏はその項目を今回見事に満たしたのです。

私がコーチングしている方々の中に、ある建設会社の社長さんがいます。もうお歳は六〇近いのですが、つい最近彼も似たような経験をしました。

その社長の部下が、新規事業で一億円の損失を出してしまいました。本来であれば「バカヤロー」と烈火の如く怒鳴るところですが、社長自身がその新規事業を「早くしろ」と事あるごとにせっついていたのです。

だから責任は自分にあると考えた社長は、多忙なスケジュールを何とかやりくりし、函館にいたその部下のところまで大阪から飛行機で謝りにいったのです。たった一言「すまんかった」と言うために。

次の日、部下からものすごく長いメールが届いたそうです。そのメールの書き出しにはこうありました。「この会社で、社長のもとで汗水流して働いてきて、本当によかったと思いました。心からそう思いました」

まっすぐな、真摯な謝罪は、時に社員のモチベーションを一気にあげる効果を持つのです。

こうした私の話を、荒巻氏はじっと聞いていました。電話の向こうで固唾《かたず》を呑んで聞き耳を立てているのが伝わってくるようでした。

「最終的には、自分を出して、等身大の自分で戦うしかないということですね。今回、その意味を本当に強く認識できました」

役員であれ、父親であれ、現場の社員であれ、策略やテクニックではなく、生身の自分でぶつかっていくしかないんだということを、荒巻氏は実感したのでした。

POINT!

完璧なリーダーなどいない。
間違ったときには非を認め謝る。
それこそが強いリーダーである。

自己の尊厳を守るために戦うことも必要

経理部長の大崎は、荒巻の父康一郎に目をかけられ頭角を現した人物だった。メインバンクとの間に太いパイプを持ち、康一郎が体を壊してから荒巻が社長に就任するまでは、彼が会社の借金の返済に関して銀行の担当者と一進一退の攻防をつづけていた。

しかし、そうした責任あるポジションをまかせられたことが、彼を「天狗」にしてしまった。「俺がいなければこの会社はとっくにつぶれていた」、そう公言してはばからず、ほんのちょっとでも自分に対して否定的な意見が向けられると、血相を変えて怒鳴り返すのだ。たとえ相手が常務であったとしても、「もう一回言ってみろ！」などと言ってしまう。

荒巻は何度かそうした場に出くわした。場の雰囲気を乱す大崎に対し頻繁に強い怒りを覚えつつ、その度に（今、再建のために彼は必要な人物だ）と思い直し、「まあまあ、常務も悪気があって言っているんじゃないんですから」と間を取り持っていた。

何度か荒巻は大崎を呼び、直接話もした。「大崎さんは本当によくやってくれていま す。本当に助かっています。ただもう少し発言には気をつけていただけませんか。周りの雰囲気が悪くなりますし、また部下は萎縮してしまうでしょうから」。

「わかりました。以後気をつけます」と大崎はその場では従順にふるまう。ところが、大崎の傍若無人な態度はエスカレートすることこそあれ、弱まる気配を見せなかった。

大崎のいらつきは、荒巻自らが銀行との折衝を直接やるようになり、自分自身の存在感が薄れたのが大きな原因のようだった。

事あるごとに周囲に怒鳴り散らし、まったくと言っていいほど他人の意見に耳を傾けないようになった。役員の中からも、大崎を経理部長から外すべきだとの意見が頻繁に出るようになっていた。

荒巻は迷っていた。自分が銀行との折衝のかなりの部分を引き継いだとはいえ、財務部門は会社再建のために非常に重要な部署であり、実務レベルで大崎の代わりを担える人材はまだ社内にはいなかった。外すのか、このままで行くのか。コーチングのセッションでも何度もこのことについてシミュレーションを重ねたが、簡単には結論に至ることはできなかった。

　そんなあるとき、事件が起きた。本社でレイアウトの変更をした際、大崎は自分の机の配置が気に入らなかったのだ。朝出社した荒巻を待ち構えて、文句を言うために大崎は一つ下の階から駆け上がってきた。

「社長、下に来てくださいよ！」

　何事だろうと荒巻は大崎について階下に下りていった。フロアに着くなり大崎はフロア中に響き渡る声で荒巻に挑みかかった。

「この席に座ってくださいよ！　こんな狭いところでどうやって仕事しろって言うんですか!!」

　荒巻の中で、ギリギリのところで切れずにつながっていた一本の糸が完全に離れた。

「自分で直せばいいだろ!!!」

　机の上にあった灰皿を力一杯叩きつけ、荒巻は怒鳴った。そして後は何も言わずに自分の階に戻った。

▼コーチの視点

荒巻氏は社長になって以来、ある一つのことを自分で決め、肝に銘じていました。それは「感情的にならない」ということでした。どんなにイラついたとしても、どんなに頭に来たとしても、それを抑制せずに表に出すことだけは慎もう。そう思ってやってきました。頭に来ることはたくさんあるわけで、それにいちいち目くじらを立てていたらこの会社の経営者は務まらないだろう。冷静さを欠き感情にまかせて発言してしまったら、それまでの努力が一瞬にして水の泡となるかもしれない。それだけは避けたい、そう思ってきました。

怒りの感情が自分の心に点火すると、荒巻氏は決まって深呼吸を一回して、対応を選ぶようにしていました。「自分自身への質問をつくる」というスキルをコーチングセッションで得てからは（64ページ参照）、深呼吸に加えて、自分に問いかけをするようになりました。「ここで怒ると何を失うだろうか？」「怒らずに自分のメッセージを伝えるにはどうすればよいだろうか？」「そもそもなぜ、今自分は怒っているのだろうか？」こうした質問を自分自身に投げかけ、感情的になる以外の対応策を選んできました。

このアプローチは大変成功しました。荒巻氏がしょっちゅう感情的になっていたら、社員との絆《きずな》はこんなに早く築けなかったことでしょう。「いい加減にしろよ！」と思ったときでも、根気強く「どうすれば改善できますか？」「今そうなってしまっている原因はどんなところにあるのでしょう？」と社員に落ち着いて聞く姿勢が荒巻氏の成功を早めました。

しかし、たった一度、その自分との約束を守れなかったのが大崎の件だったのです。

「鈴木さん、この会社に来て初めてです。感情的になって怒鳴ったのは。あの瞬間はもう深呼吸をすることも、質問を考えることもできませんでしたね。完全に切れました」

「荒巻さん、人は時には自分の尊厳を守るために戦わなければならないと思います。尊厳を傷つけられてまで何かに妥協する必要なんかまったくありませんよ。怒鳴ってしかるべきです。今回は、そういうケースだと思いますよ」

「もう限界ですね。大崎を経理から外そうと思います。ほかの人間でどれだけ大崎がこなしてきた仕事をカバーできるかわかりませんが、それが今取り得る一番の選択肢だと思えるようになりました」

◉戦うことも必要

荒巻氏は後日こう語りました。

「やはり誰か一人の力に依存した会社なんて危ないだけですね。その人に依存するから、逆に周りの人間が伸びなくなる。思い切ってまかせてみれば結構やるもんなんですね。すごくいい勉強になりました。それと自己の尊厳を守るためには時に戦う必要もあるということは、自分をとても楽にしてくれました。そこまでして抑える必要はないんですよね」

後で聞くと、大崎を外した経理部は、結果として大変強いまとまりを見せたそうです。全部員が自分たちがやらなければという思いで結束しました。そして実務上でも荒巻氏の予想をはるかに超える仕事をこなしてくれるようになったのです。

POINT!

「越えてはならない線」を踏み越えた人間に対しては断固として戦う。尊厳を傷つけられてまで妥協しなければならないことなど一つもない。

5章

人が変われば会社も変わる

5章の流れ

荒巻は、幾多の「抵抗」に正面から向き合い、一つ、また一つと自分の「航路」から外していった。「決して逃げない」――それが荒巻の一貫した姿勢だった。

それぞれの抵抗は、どれもほんの少しでも扱い方を間違えていたら、会社をまったく違う方向に「逸らした」かもしれない重大な障害だった。避けて通りたくなることもしばしばあったが、荒巻は愚直なまでにまっすぐにぶつかっていった。

いつしか、鈴木が荒巻のコーチングを始めて三年と三か月が経っていた。今でもコーチングは継続している。

父康一郎の代につくられた借金で、いつ倒産してもおかしくない状態にあった会社は、この三年間で劇的な復活を遂げた。一人当たりの売上高は二二〇%アップし、営業利益にいたっては二四五%アップした。その期は、過去最高の売上高、営業利益を記録した支店もあった。給与カットが断行され、経費カットの大鉈が振るわれたにもかかわらず、である。これは、逆境にもかかわらず、社員一人ひとりのモチベーションが非常に高く維持された結果だと言える。

銀行が会社の清算を匂わすようなこともなくなった。いまだに多くの借金は残るものの、十分に返済を続けていくことのできる体質になったと、銀行は認知したのだ。

今、荒巻は非常にシンプルな戦略と戦術で社員に接している。複雑な心理誘導作戦は一切ない。荒巻の戦略は、一言で言えば「社員の自主性にまかせる」、これに尽きる。風が吹こうが雨が降ろうが、もう荒巻はここから動かない。社長に就任した頃の迷いは、もうない。荒巻はこれらの戦略を完全に「選んで」いる。

そしてすべての戦術はこの戦略から生まれ出ている。

「支店ごとに自分たちで目標を立てさせ、その実行を荒巻と経営陣がサポートする」

「創意工夫をこらした顧客サービスを自主的に考案し、実践したチームを表彰する」

「組織横断型のプロジェクトチームをつくり、そのチームに商品開発をまかせる」

非常に明快である。戦略から外れる戦術は、一切ない。

社員が立てた目標を否定せず信頼して支援する

荒巻氏は現在、半期に一度、各支店長とマネジャーに一〇個の目標を立ててもらい、それを達成するように促している。もちろん、単に「目標を立てなさい」ではなく、彼らがよりよい目標を立てることができるように、可能な限りのサポートをしている。

ある期には支店長とマネジャーを集め、どのようにすればワクワクするような来期目標を立てることができるか、ワークショップを行った。

ワークショップでは、まず各支店それぞれにどのような強みと弱みがあるのかをすべて洗い出してもらい、その上で弱みを克服するのではなく、強みがより伸びるような目標設定とはどのようなものか、支店長とマネジャーにディスカッションをさせた。

たとえば、ある客層に強い支店があるとすると、別の客層を取り込む努力ではなく、強い層をさらに取り込むにはどのような仕掛けができるかを考えてもらったりした。

「梶山さんのところはほかの支店より比較的若いお客様が来ますよね。以前梶山さんは、もう少し幅広い層を取り込まなければいけないとおっしゃっていました。もちろんそれも一つだと思います。しかし若いお客様が来るということは、そういうお客様を引きつける場所柄や、雰囲気だということです。だとしたら、それを最大限伸ばすにはどうすればよいのかという方向で一度考えてみませんか」

「こういう目標でいきなさい」ではなく、新しい「視点」を与えることで、彼らが目標をつくることに楽しみが見出せるようにしたのだ。

▼コーチの視点

社員の自発性や自主性について声高に叫ぶ経営者は多いですが、本当にこれ一本に戦略を絞って経営を執り行っている人は非常に少ないのが現実です。「自主性、自主性」と言いながら、自分の立てたプランを押しつけたり、リーダーシップという名の下に、大した理由づけもないままに方針を変更する、という企業はよくあります。

荒巻氏は、自らの考えでボトムアップ型を選択したわけですが、トップダウン型が必ずしも劣っているということではありません。トップダウンでいくならいくで、それ一本に絞ればうまくいく会社もあるでしょう。全部一人が決めて全部一人で動かす——それは会社によっては十分機能する戦略だと思います。

しかし実際にはトップダウンもしたい、自主性も高めたい、合議制も取りたいと、あちらもこちらもになってしまいがちです。その結果、社員のモチベーションは思うように高まらないのです。トップダウンかボトムアップか。どちらかであって真ん中はありません。

◉自分にとってよりよい目標を見つける

荒巻氏は、どんな目標が支店長とマネジャーから出てきても一切否定しません。

「それいいですね。うまくいくと思いますよ。応援していますから！」

言葉のバリエーションはあるにせよ、荒巻氏の出すメッセージは基本的にこれだけです。

「あなたたちのことを信頼しています」というのが、荒巻氏が支店長とマネジャーに何よりも一番知っておいてほしいメッセージなのですから。

ただ唯一、荒巻氏は次のような言葉をつけ加えます。

「みなさんが思ったとおりにやってほしいと思っていますが、一つだけお願いがあります。

その目標を達成するために現場ではどのような行動を起こす必要があるのか、それを決めるときには必ず部下を巻き込んでください。彼ら、彼女らの意見に十分耳を傾けてください。一方的に指示を出すことは絶対にしないでください。僕がみなさんを信頼しているように、みなさんには部下を心から信頼してもらいたいと思っています。そうすればきっと目標に到達しますから。みんな楽しんで仕事ができますから。みなさんがそのことを守ってくれるのであれば、後はみなさんが決めた目標が達成されるように、本部は最大限の支援をすることをお約束します」

そして支店長とマネジャーはその荒巻氏のリクエストに忠実に応えています。それぞれが現場に戻り、彼らの下のリーダー、チーフ、そして一般社員をミーティングに加え、目標に向けてどのようにアクションを取ればいいのかを丹念に問いかけています。

最近は荒巻氏が現場に赴くと、マネジャーが部下と顔をつきあわせて二〜三人で話をしている姿をよく見かけるそうです。あるとき荒巻氏が一人のマネジャーに、どんな話をしているのかと問いかけました。そのマネジャーは答えたそうです。

「ミーティングという場面では、なかなか意見が出ないこともあります。『どんなふうにすればいいか?』と問いかけても、みんな考えてはいてもなかなかアイディアが思いつかない。そんなときに、『何かないのか!』なんて言ってしまうと萎縮してしまいますから、とりあえずいったんはその場を切りあげるんです。『もう少し考えておいてくれな』と言って。で、数日してから個別に聞きにいくんです。そうすると結構アイディアが出てくるんですよ。うちは、優秀な大学を出た人ばかりがいる会社じゃありませんから、そうやって少し時間を与えてあげるのも大事ですね。いずれにしても部下を巻き込んでほしいという社長のリクエストには、何とか応えられていると思います」

三年間で上から下への「矢印」は、完全に下から上への「矢印」へと変貌を遂げました。

POINT!

メンバーが自主性を発揮することを本当に願っているか。
「権限委譲」は単なるお題目になっていないか。

会議では否定語を極力減らし戦意を「創出」する

荒巻は今、月に一度全支店の支店長と現場で実行責任を担うチーフを集めて、目標の進捗状況を確認するための定例会議を開いている。

荒巻はこの会議を開くにあたって、いくつかの運営方針を決め、事前に支店長と会議の進行を担当する経営企画室長に伝えた。

まず決めたのが、支店長はこの会議の中では一切発言しないことだった。この会議は現場で実際に一般社員を動かしているチーフの意見を聞き、モチベーションを高めるために開いているものであって、支店長が小言を言うためのものではないということを、前もってしっかりと念押しした。また進行役である経営企画室長には、どんな発表に対しても、一切否定しないこと、そして話すことによってより意欲が高まるように心がけて進行してほしいと伝えておいた。

以前は、各支店で支店長がチーフを集めて行う会議があるだけであった。各チーフが一人ひとり現況を報告する。目標に対して開きがあれば、支店長がぼやきとも叱責とも取れるあいまいな「否定語」をチーフに投げかける。チーフは目線を下方に落としながら、これまたあいまいな、やるのかやらないのかよくわからない「肯定語」を支店長に投げ返す。これが延々とくり返されていた。チーフたちのモチベーションは会議によって上がるどころか、確実に会議前よりも低下していた。

だから、荒巻が会議を見直すうえで真っ先に掲げたのが「否定語禁止」だった。支店長と経営企画室長は荒巻のリクエストに応えた。経営企画室長は何の戦略もなくただ進捗をチーフに確認するのでなく、会の冒頭に次のような問いかけをしている。

「この一か月間で一番心がけたこと、これだけは力を入れてやったということを教えてください」

「メンバーの動きを見ていて、成長したなと感じるところはどこかを具体的に聞かせてください」

「お客様から受けたメッセージで、これは誇れる、ほかの人たちにも聞かせたいなというものを教えてください」

あるとき鈴木は荒巻から相談を受けた。

「支店長に、というよりはまさにみんなで立ててもらった目標を、定期的に会議で進捗確認しています。目標に到達しつつある、あるいは目標達成したというときはもちろんいいわけですが、目標になかなか届きそうにない、目標に届かなかったというようなときはどうするとよいと思われますか？」

「会議は、まさにリーダーがどういうコミュニケーションを会社に起こしていきたいかを表現する場です。ここは勝負どころだと思いますよ、荒巻さん」

▼コーチの視点

部下はリーダーの仕切り具合をとてもよく見ています。自発的に目標を立てさせたとしても、それに対して必要以上に介入し、ああしろこうしろと言ってしまえば、部下は「なんだ結局信頼してないんじゃないか」と思うでしょう。

たとえ目標は社員に自発的に決めさせたとしても、予定した成果がすぐに出ないと、会議の中で上がぎゅうぎゅうに社員を問い詰めていくといったケースはよく見られます。その末に途中で「こっちの目標に切り替えろ！」などということになると、何のために最初に社員に決めさせたのかわからなくなってしまいます。

そこで、荒巻氏は半期の目標が達成できなかったというような場合でも、部下を追い込まないという方針を取りました。

「目標が達成できなかったのは残念でした。本部としても支援が足りなかったのだと思います。ただ、もちろんみなさん自身はいろいろな試みはしたでしょうし、力を尽くしたはずです。どんなことでも構いません。自慢できることを一つぐらい聞かせてください」

詰問し追い込むのではなく、常にチーフの「学習」を支援しています。発見と探求を促すのです。

そうした経営サイドの計らいに応え、チーフはたくさんの発言をし、多くのアイディアをその会議の中でお互いに交換するようになりました。

時には、荒巻氏や他の経営陣がまったく考えつかなかったような斬新なアイディアが飛び出すこともあるようです。特に、社員のモチベーションを高めるためにどのような仕掛けがあればよいのかについて話し合ったときは、現場にいる人間だからこそ思いつくようなアイディアが多く出されました。

三年前に会議を支配していた沈黙、不満、批判はまったく影を潜めています。

先月の会議で、一人のチーフがこう言ったそうです。

「最近会社が変わってきましたよね。本当に風通しがよくなったっていうか」

すると、ほかのチーフたちも呼応して、「ものが言いやすくなりましたよね」とか「自分で決めた目標だから絶対にやらなきゃって思いますよね」などと言い始めました。

荒巻氏はそれらの言葉に喜びを感じていました。

「この会議を『徹底的に聞く場』と決めて本当によかったです。チーフは現場に帰ってから独自にチームのメンバーとミーティングを開いているようなんですが、そこで僕たちが彼らにやっているのと同じことをメンバーにもしているようなんですよ。やっぱりコミュニケーションは伝播するんですね。メンバーからよく聞くんです。最近チーフが自分たちの話に真剣に耳を傾けてくれるって。契約社員のおばちゃんからも聞きますからね」

◉「否定しない会議」を心がける

私はいろいろな会社で会議を見させてもらう機会がありますが、明らかに二種類あることがわかります。戦意を創出する会議と、戦意を喪失する会議です。本来会議は前者であるべきなのでしょうが、実際には、終わった後にみんながどよ～んとなってしまって、ここからどうやって戦うのだろうというような会議がものすごく多いのです。

この二種類の会議では、何が違うのでしょうか。簡単です。戦意を創出する会議には、圧倒的に「否定」が少ないのです。

人は基本的には話すのが怖いものです。人が普段抱えている不安のうち、かなり大きな度合いを占めているのが、自分の話は周りに聞いてもらえているのだろうか、というものです。

あるアメリカ人の心理学者が一〇年以上にわたって「What are you most afraid of?」(あなたの一番恐れているものは何ですか)というテーマをリサーチしていますが、毎年一位は「人前で話すこと」です。

アメリカ人でさえ、人前で話すことは怖かったりするのです。ましてや、いまだに上下関係が強く意識される日本の企業社会で、しかも多くの人が出席する会議で否定などされてしまったら、もうそれ以上思ったことが言えるわけがありません。もちろんクリエイティブに頭を使ってアイディアを出すなんて、到底無理な話でしょう。

今回、荒巻氏は否定しない会議をつくりあげることにこだわりました。そのこだわりは会社全体のさまざまなところに広がっているようです。

荒巻氏の会社は、もはやかつての愚痴を言い合う受身の社員の集団ではありません。「戦闘集団」にその姿を変えました。

POINT!

その場のムードはリーダーが創る。
肯定的なムードも、否定的なムードもリーダー次第。

一人ひとりに対して最高のねぎらいを贈る

会社が軌道に乗り始めた年の暮、荒巻は全支店長とマネジャー四三人に、ネクタイをプレゼントした。自らデパートに足を運び、一人ひとりの顔を思い浮かべながら、一番その人が好みそうな色とデザインを二時間半かけて選んだ。そして小さな手書きのカードを添えて、四三人全員に直接手渡した。

翌年のお正月には、リーダー一二〇人に手書きの年賀状を贈った。そこには、荒巻が一人ひとりの一年間の貢献を思い出して綴ったメッセージが添えてあった。

「いつも周りのスタッフに明るく接してくれてありがとう。今年もその明るさでチームを引っ張っていってください」

「いつも新鮮なアイディアを出してくれてありがとう。より収益を高めるためのアイディアを今年もいっしょに考えていきましょう」

荒巻は、この一二〇人分の年賀状作成に丸一日を費やした。

▼コーチの視点

心理学の中にＡＢＣ理論というセオリーがあります。Ａはantecedents（誘発要因）、Ｂはbehavior（行動）、Ｃはconsequences（後発要因）の略です。

どういうことかというと、ある行動が将来にわたって生起するか否かは、誘発要因（行動の前に存在する因子）と後発要因（行動の後に発生する因子）が何であるかによって決定されるということです。そして、実は前に来る誘発要因よりも、後ろに来る後発要因のほうが、未来の行動発生に与える影響が大きいというのがこの理論のおもしろいところです。

親も上司も誘発要因をつくることにものすごく力を入れます。たとえば、子供に勉強という行動を起こしてもらうのに、「勉強しなさい！」「勉強しないと周りのお友達に置いていかれちゃうわよ！」「いい高校に入れないわよ！」などなど、勉強させるための言葉をたくさん並べるわけです。それはそれで意味のあることだと思います。しかし、実際には子供が勉強した後に何を言うか、何をしてあげるかのほうが、長期的に勉強という行動を継続させるにはずっと大事だということです。

勉強した後に、本当にタイミングよく子供が受け取れるようなやり方でほめてあげる――「よくやったわね」「すごいね」と声をかける、あるいは美味しいケーキをつくってあげる等々、方法はいろいろあります。でも思いのほか、この後発要因に力を入れる親は少ないようです。

荒巻氏にはコーチングがスタートして以来、何度かこのＡＢＣ理論の話をしました。荒巻氏はもともと人に対する気遣いの大変細やかな人でしたから、改めて言うまでもなかったかもしれません。しかし、荒巻氏の成功を確かなものとするために、折に触れ、社員の行動に対してＡＢＣの「Ｃ」を与えることがとても大事だということを伝えてきました。

目標を自分たちで決めさせ、そのプロセスを支援し、そして年度の終わりや、何かの節目には彼らの労をねぎらう。いくら最初の二つに成功しても、最後のねぎらいが今一つであれば、やはりトータルではうまくいきません。

ハリウッドのプロデューサーは映画撮影が終わった後に、いかに気の利いたねぎらいのパーティーが催せるかで、ランクがつけられるという話を聞きます。これによって次の映画のスタッフ集めに影響が出るそうです。

今、荒巻氏はこのねぎらいという、いわば一つのサイクルの最終段階にもとても力を入れています。ネクタイのプレゼントや年賀状について、荒巻氏はこう言います。
「本当にみんなうれしそうな顔をしてくれるんです。それを見ると、あぁ、プレゼントしてよかったな、これからもいっしょにやっていこうっていう気になるんですね」

◉リーダーの仕事は「気遣い」

もちろん、言葉で「お疲れ様」とか「ありがとう」と言うのも大事ですが、やはり『もの』は質量感があります。あなたを大切に思っていますという言葉を代弁するわけです。しかもみんなに同じものを贈るのではなく、違うものをプレゼントすることで、「あなたについて私は確かに思いを巡らせました」と伝えることができるのです。

先日、ある経営者の方が私にこう言いました。「リーダーの仕事は九九％気遣いだよ。戦略、ビジョンももちろん大事だけれども、社員の労をねぎらうことに比べたら比重は軽いね」と。こんなにやっているのに……などと社員に思われたら、その時点で会社の勢いは本当に失速します。

なお、ねぎらいには常にサプライズ、驚きが必要です。

笑い話になりますが、あるアメリカの会社の社長が社員の労をねぎらおうとクリスマスにチキンを全社員に贈りました。もちろん社員は大喜びしました。その社長は気をよくして、翌年のクリスマスにもチキンを贈りました。でも前の年ほど社員は喜びませんでした。それでも、またその次の年も社長はチキンを贈ったのです。

すると、ある社員が言ったそうです。

「社長、チキンは飽きました。来年はターキーにしてください」

贈ってあげているんだから喜んでくれよ、と贈ったほうは言いたくもなりますが、人間はどうも、いつも新鮮な驚きを求めるもののようです。同じものを贈るということは、その人について考える手間を省いたとも言えるわけですから。だからこそ、毎回サプライズを起こさないといけません。それはリーダーの宿命だと言えるでしょう。

POINT!

メンバーの労をどうねぎらうかを考えるために、戦略を立てるのと同じくらい頭を使う。リーダーの気持ちが試されている。

「こころ意気」を育てることが会社へのロイヤリティを高める

三か月に一度、荒巻は各支店の企画担当のマネジャーを集めてミーティングを行っている。企画担当マネジャーは、各支店においてのプロモーションキャンペーンの企画など、集客につながるイベントを立案している。

この会議は三年前、それまではまったく単独で動いていた企画担当マネジャーを、荒巻が一堂に集めたことから始まった。当時は一人のマネジャーが話していても、ほかの三人はうわの空。一つの支店のアイディアに対してほかのマネジャーに感想や意見を求めても、あいまいな、とりあえずその場を繕うための言葉が出るばかり。彼らが「会社」という視点を持っていないのは明らかだった。

しかし、今では、一人の話を残りの三人が食い入るように聞くようになった。そしてお互いの企画がさらによくなるようにアイディアを出し合っている。

あるとき、一人のマネジャーが自分が抱えているテーマを話した。

「キャンペーンの期間がたとえば一か月あるとするじゃない。立ち上げの一週間と、最後の一週間はほうっておいても盛りあがるんだよ。でも真ん中の一～二週間ぐらいがちょっと中だるみする傾向があるんだよな。これってどうすればいいかな」

別のマネジャーが答えた。

「大入り袋を出すっていうのはどうだろう」

「大入り袋?」

「ああ。うちの支店でもやったことはないんだけどさ。一日の目標売上げがあるじゃない。それを達成したら社員一人ひとりに大入り袋を渡すわけ。五〇〇円くらい入れて」

「なるほど、それはいい考えだね」

さらにほかのマネジャーが言葉を足した。

「それと、経理に一週間に一回数字を締めてもらって、キャンペーン目標売上げに対してあと何%かというのを、『速報!』という形で全員に配るなんていうのはどう?」

「それもいいね。単なる数字だけじゃなくて、管理部門の人からの『応援コラム』なんていうのも入れるといいかもね」

大入り袋と経理速報は、キャンペーンのたびに今でも実際に登場している。

▼コーチの視点

経営者のエグゼクティブ・コーチングをしているとよく聞かれるのが、「社員のロイヤリティ」を高めたいという言葉です。会社を大切に思う気持ち、それを一言で言うとロイヤリティになります。

会社のために何ができるか、会社にとって何が今最善なのかを常に考えて行動する社員の集団にしたい、というのは多くの経営者が思いを馳せる理想の状態です。しかし現実にはこちらが期待しているほど、なかなか社員のロイヤリティは高まらず、ついその「心ない」社員の行動に雷を落としてしまいます。その結果、ますます社員のロイヤリティは下がり、心ない行動がさらに増えていく――多くの経営者を悩ましているのはこの悪循環です。

荒巻氏の会社も、かつてはこの悪循環の中にありました。社員が優先するのは、自分個人の生活。次に会社の中での自分の仕事。その次に自分の課のこと。後は順に自分の部のこと、自分の支店のこと、そして最後が会社全体のこと。タイタニック号が沈みかけていても、自分の船室だけを掃除している、そんな社員が大勢を占めていました。

しかし今、全員が全員ではないにしろ、いつもいつもではないにしろ、荒巻氏の会社の社員の意識の優先順位はかなり変わりました。「会社」をよくしたい。「会社」を変えたい。そう思う社員が目に見えて増えました。

◉会社はシステムで成り立っているのではない

弊社の会長の伊藤が、よく社員に対してこう言います。「会社はシステムで成り立っているわけでも、経営戦略で大きくなるわけでもない。一番大事なのは社員の『こころ意気』なのだ。会社のために一肌脱ごう、というこころ意気が会社を守るし、会社を育てるのだ」と。

実際、システム一辺倒でコーポレートガバナンスを成し遂げているように見えるアメリカの会社でも、大きく成長している会社は、社員のロイヤリティが高いという調査がありますす。荒巻氏の会社にも、そんな風土が育ちつつありました。

あるセッションでこの話を荒巻氏に話したところ、こう答えました。

「鈴木さんもラグビーをやっていたからご存じだと思うんですけど、ラガーマンが好んで使う言葉にone for all, all for one というものがあります。全員のための一人。一人のための全員。昔からこの言葉がとても好きなんです。だから、ミーティングや戦略会議の席上で、よくこの言葉を使います。それと鈴木さんに教えていただいた、Weを使って話すという方法。私は何々、あなたは何々、と表現するのではなくて、極力、『私たちは』『みんなで』『一緒に』という表現を使う。これも実践しています。それもかなり社員の潜在意識に刷り込まれてきたんでしょうね」

ＩやＹｏｕという言葉をしょっちゅう使っていると、指示を出す人とやる人のように、話し手と相手を「こちら」と「向こう」にどんどん分けていってしまいます。それでは会社へのロイヤリティはなかなか高まりません。Ｗｅという主語を使うことは、相手の中に「いっしょにやっていく仲間なのだ」という意識を醸成することに一役買います。以前のセッションで話したこのＷｅを主語とするスキルを、荒巻氏は実践していたようです。

リーダーが頻繁に使う言葉は、間違いなく社員に影響を与えます。そしてそれ以上に大事なのが、リーダーの行動です。荒巻氏は言葉だけでなく、実際に頻繁に声をかけ、ねぎらい、話を引き出してきました。このように言動が一致していることは、社員のロイヤリティを高めるのに大きく寄与していると思います。

結局、尽くしてくれた人に、人は尽くしたいと思うものです。こちらが社員に対してロイヤリティを強く持って話し、行動していれば、社員の会社に対するロイヤリティは間違いなく高まります。荒巻氏の言葉、行動、そしてプレゼンス。そのあり方そのものに社員に対するロイヤリティは、はっきり現れていました。だからこそ社員のほうからも、会社をよくするためのアイディアが自発的に出てくるようになってきたのです。

POINT!

「私がどうするか、私がどうなるか」ではなく、「私たちがどうするか、私たちがどうなるか」という意識を育てる。One for all, all for one.

リーダーシップは天賦の才ではなく後天的に獲得するもの

先日、荒巻の会社で一般社員に対するコーチング研修が実施された。役職にはついていないものの、後輩を持つ一般社員にもコーチングを教えてほしい。そうすることで、より一層お互いの意見を求め合う、お互いの強みを肯定し合う文化が会社の中に醸成されるであろう、荒巻はそう考えたのだ。

研修の冒頭、荒巻は集まった約二〇人の社員を前に話をした。忙しい最中研修に来てくれたことをねぎらい、先月全支店が営業目標を達成したことに心から感謝の言葉を述べ、そして自分はこれからどんな会社をつくりあげたいと思っているか、そのためにどんな協力を社員から期待しているかを端的に伝えた。

荒巻の横顔を見ながら、鈴木はコーチとして荒巻と出会った三年前のことを思い出していた。

▼コーチの視点

三年前――理路整然とはしているものの、「頭」から流れ出ているだけで、「魂」が込められていない話しぶり。質問される側に回ったときの、何を聞かれてしまうのだろうという不安が透けて見える下から覗き込むような視線。こちらのアドバイスをどこまで受け入れたらいいのか、いつも決めかねているようなあいまいなあいづち。あの頃の荒巻氏はまだ「リーダー」ではありませんでした。

あれから三年、荒巻氏は変わりました。ありとあらゆる「対話」、社員との、父親との、そして自分自身との対話に、決して逃げることなく向かい合うことが、荒巻氏を大きく成長させました。対話を信頼し、対話の中に飛び込み、対話の中で解決策を見つけ出す、この繰り返しが荒巻に大きな自信を与えました。

今こうして目の前にいる荒巻氏は、誰の目からも明らかな「リーダー」でした。

背筋を伸ばし、堂々と社員の前に立ち、一人ひとりをゆっくりと見ながら、会社のビジョンについて語る。その言葉には信念と熱意と誠実さが感じられました。社員もまた、社長の顔をまじろぎもせず、食い入るように見つめていました。さながら、基地を離れて戦地に赴く兵士と、その兵士を送り出すために思いを語る将校という雰囲気がそこには立ち込めていました。

研修の帰り、荒巻氏が車で近くの駅まで送ってくれました。車中荒巻氏が言いました。

「実はこの会社に入って以来、自分の給料は最初の職位だった課長レベルの額にずっと抑えてきました。会社はいつ何時つぶれるかわからないというような状況でしたし、社員の給料を抑えている中で、社長とはいえ、自分が多くのお金をもらうわけにはいかない。そして何よりも、創業者の息子であるという理由だけで社長になった自分が、リーダーとしての度量もスキルも持っていないにもかかわらず、額面だけは立派に社長の給料を取る、ということに対して抵抗がありました」

ここで少し笑みを浮かべて、荒巻氏はつづけた。

「でもここに来てちょっと考えが変わってきました。先日常務がこう言ってくれたんです。『社長、そろそろ給料上げたらどうですか？　十分それだけの仕事はしていると思いますから』と。すごくうれしかったですね。もちろんお金がすべてではないですけど、社長としてふさわしいお金をもらえるほどに成長した、少なくとも常務からそのように見られている。あるステージに到達したんだなっていう実感がわきました。今の会社の財務内容で、社長にふさわしい給料はどのくらいなのか算出してみたいと思っています」

ハンドルを握りながら語る荒巻氏の顔には、大きな充実感が漂っていました。私も彼に言いました。

「荒巻さんはもう社長としての給料を取るにふさわしいリーダーだと思いますよ」

◉人はリーダーに「なる」ことができる

荒巻氏はリーダーになりました。

そのことに関しては、今や一点の疑いもありません。この三年間コーチという立場で荒巻氏の成長に接してきて思ったのは、人はリーダーに「なって」いくんだな、ということです。もちろん先天的にリーダーとしての資質が高い人もいるでしょう。しかし、リーダーシップは後天的にも、十分獲得できると確信するようになりました。

先日、ある雑誌を読んでいたら、凄腕ヘッドハンターと呼ばれている方のコメントが載っていて、真のリーダーというのは一〇〇〇人に一人ぐらいしかいないと書いてありました。

リーダーシップというのは生まれ持った資質であって、それを持っている人を探すのが自分の仕事だと。しかし、荒巻氏を見ていると、そんなことはないと私は強く思います。

軸を決め、ミッションを決め、そして決めることを決めれば、人は十分リーダーになることができるのです。

POINT!

軸を決め、ミッションを決め、
そして決めることを決めれば、
誰しもリーダーになることができる。

あとがき

本書の「前身」である『心を動かすリーダーシップ』を上梓《じょうし》したのは、二〇〇三年九月のことです。

幸いなことに『心を動かすリーダーシップ』は多くのリーダーの方の目に留まり、「勇気づけられた」「もう一度正面から社員に向かい合ってみたい」「諦めずに理想の風土を追求していきたい」など、たくさんの好意的な感想をいただくことができました。

同時にエグゼクティブ・コーチングというものが、一体どのような「フロー」で進行されるものなのか、そのフレームワークを教えて欲しいというご意見も多くいただきました。

本書は、そうしたリクエストにお応えすべく、冒頭にエグゼクティブ・コーチングとはそもそも何なのか、どのような歴史的背景を持つものか、どのように進められていくのか、を記しました。参考にしていただければ幸いです。

二〇〇三年九月の時点で、「荒巻丈二」のコーチングは、すでに四年目に入っていました。その後も彼のコーチングは続き、今年で一〇年になろうとしています。

『心を動かすリーダーシップ』の上梓以降も、荒巻は多くの苦難に直面しました。荒波がやってくるたびにそれをどう乗り越えるか、コーチという立場で荒巻と一緒になって考えてきました。

ただ二〇〇三年までの時点では、リーダーとしての彼の基盤をつくり上げるためのコーチングが主でした。

どう感情をコントロールするか、どのように未来を予見するか、どう人と向き合うか、そうした「リーダー業」を日々行ううえでの基盤となる部分を構築することをメインテーマとしてきました。

しかし、二〇〇三年以降は、そうした基盤をすでにつくり上げた荒巻が、様々な課題を解決するためのプランを練り上げるのを、コーチとしてサポートすることが主となりました。

例えて言えば、二〇〇三年までは、ゴルファーのスイングづくり、それ以降は、コースマネジメントの仕方や、コースの攻め方を一緒に考えてきたといえます。

荒巻の会社では、二〇〇三年以降も様々なことがありました。

コンプライアンスに抵触する社員の振る舞い、天候不順による業績の落ち込み、メインバンクの突然の倒産、しかし、リーダーとしての基盤をつくり上げた荒巻は、どれも難しい問題ではありましたが、ひるむような態度を取ることは決してありませんでした。

常に、攻めの姿勢でリーダーという役割を全うしてきました。

荒巻の会社は現在、この不況にもかかわらず大変好調な業績を保っています。

ただ、会社に完成はありません。

荒巻は、これからも多くの難題に立ち向かわなければならないでしょう。

それでも、「心を動かすリーダーシップ」を身につけた荒巻の視界は、かなり遠くまで見通しが利いているはずです。

鈴木義幸（すずき よしゆき）

コーチ・エィ取締役社長・チーフエグゼクティブコーチ。国際コーチ連盟マスター認定コーチ。
慶應義塾大学文学部卒。㈱マッキャンエリクソン博報堂（現・㈱マッキャンエリクソン）にメディアプランナーとして勤務後、渡米。ミドルテネシー州立大学大学院臨床心理学専攻修士課程を修了。帰国後、コーチ・トゥエンティワンの設立に参画。企業において管理職を対象とするコーチングを行なうほか、経営トップ、経営層へのエグゼクティブ・コーチングを多数実施。企業におけるコーチング・カルチャーの構築を手がける。『コーチングが人を活かす』（ディスカヴァー・トゥエンティワン）、『プレゼンスマネジメント』（日経BP社）、『決断の法則「これをやる！」』『「で？」の一言で、部下の意欲に火をつける』（講談社）、『「ほめる」技術』『セルフトーク・マネジメントのすすめ』（日本実業出版社）など著書多数。

会社《かいしゃ》を変《か》えるリーダーになる
エグゼクティブ・コーチング入門《にゅうもん》

2009年10月20日　初版発行
2017年6月10日　第4刷発行

著　者　鈴木義幸

発行者　吉田啓二

発行所　株式会社日本実業出版社　東京都新宿区市谷本村町3−29　〒162-0845
大阪市北区西天満6−8−1　〒530-0047
編集部　☎03-3268-5651
営業部　☎03-3268-5161　振　替　00170-1-25349
http://www.njg.co.jp/

印刷／三省堂印刷　製本／共栄社

この本の内容についてのお問合せは、書面かFAX（03−3268−0832）にてお願い致します。
落丁・乱丁本は、送料小社負担にて、お取り替え致します。

ISBN 978-4-534-04631-4　Printed in JAPAN